Start

企业经营之法律指引

创业·守业·传业

Keep and Inherit

曹文 著

杭州出版社

图书在版编目（CIP）数据

创业·守业·传业 : 企业经营之法律指引 / 曹文著 .
杭州 : 杭州出版社 , 2024.8. -- ISBN 978-7-5565
-2525-6

Ⅰ . D922.291.91

中国国家版本馆 CIP 数据核字第 20243F6D69 号

CHUANGYE·SHOUYE·CHUANYE—QIYE JINGYING ZHI FALÜ ZHIYIN

创业·守业·传业——企业经营之法律指引

曹文　著

责任编辑	郑宇强
责任校对	陈铭杰
美术编辑	卢晓明
出版发行	杭州出版社（杭州市西湖文化广场 32 号 6 楼）
	电话：0571-87997719　邮编：310014
	网址：www.hzcbs.com
印　　刷	浙江全能工艺美术印刷有限公司
开　　本	880 mm×1230 mm　1/32
印　　张	7
字　　数	170 千
版 印 次	2024 年 8 月第 1 版　2024 年 8 月第 1 次印刷
书　　号	ISBN 978-7-5565-2525-6
定　　价	68.00 元

序

至 2024 年，中国波澜壮阔的改革开放已经进行了 46 年，取得了举世瞩目的成就，彻底改变了近代以来中华民族积贫积弱的旧貌，使千千万万的中国家庭富足起来。这些辉煌成就的取得、幸福生活的获得，最重要的原因就是在中国共产党领导下，国家探索、确定并坚定不移地采纳市场经济体制，走上了有中国特色的社会主义市场经济道路。46 年来，正是市场经济促进了中国的财富增长，创造了中国的发展奇迹，改变了无数中华儿女的命运。

市场经济是以企业为主体的经济，是优胜劣汰的经济。市场经济在需要、培育并且不断引领企业发展壮大的同时，也在不留情面地挑战、折磨，直至淘汰不能适应市场的企业。如何在阳光、充满希望、朝气蓬勃与冷峻、严酷、暗流汹涌相交织的市场中把握规律、趋利避害、保证生命和财产安全、持续强盛？答案之一是摒弃人治，依靠法治。人类数千年的文明史证明，法治是市场经济必不可少的制度基础，市场经济必须得到法治的保障和规范。市场经济是主体独立、产权清晰、意思自治的经济，同时也是有章可守、有律可循、依法而治的经济。最大的章和律就是法律，尤其是与市场经济直接相关的民法、商法、经济法、财税法。现在和未来的几十年，中国都将毫不动摇地在法治的轨道上推进国家治理体系和治理能力现代化。现代社会是法治社会，市场经济是法治经济。中国社会主义市场经济的法治化水平将不断发展提高。在市场经济中，小至养家糊口的小商小贩小业主及其他普通劳动者，大至制度齐全、货通四方的公司老板，以至影响市场、叱咤风云的企业家，无论其经营规模大小、取得成就高低，也无论其处于企业的创业、守业或者传业的哪个阶段，只要参与市场，就不能脱离法律，就都需要知法、守法、靠法、用法。企业家只有做法律的"仆人"，才能做财富和市场的主人。市场经营者和企业家知法、守法、靠法、用法是市场的内在逻辑，是大势所趋、势所必然。

市场经营者如何才能知法、守法、靠法、用法？除了依靠专业人士提供法律知识服务外，就是自己学法。子曰："君子求诸己，小人求诸人。"即使有律师等专业人士提供法律服务，也不能完全替代自己的学习。只有自己学法，才能真正知法，然后方能更好地守法、靠法、用法，变消极被动的法律治理对象为积极主动的法律运用者和受益者。市场经营者和企业家，包括尚未直接进入市场，但不甘平庸，将做企业家作为自己梦想的青少年，以及关注市场、重视市场的其他人士，都必须学习法律、知道法律、遵守法律、掌握和运用法律。如何学法、知法、守法、靠法、用法？曹文律师的新著《创业·守业·传业——企业经营之法律指引》是一本及时而合适的佳作。如今普及法律和研究法学的著作层出不穷、汗牛充栋，但能够紧扣市场打拼的现实主题，专门针对个人和家族企业的财富积累、壮大、传承行为，并将这三种行为所依托的法律知识熔于一炉的法学作品并不多。《创业·守业·传业——企业经营之法律指引》

将涉及主题的纷繁复杂的民商事、经济、财税法律精炼成创业、守业、传业三个部分，再结合古今中外的相关案例进行解释和分析。这种化繁为简，将抽象的法律条文与具体案例相结合的著作方式，深入浅出，生动有趣，自成一家，既适合市场经营者在紧张工作之余利用点滴时间补充法律知识，也适合人们在日常生活中有的放矢地翻检查阅，还可用作法律教学与自学的辅导用书。

　　唐代名著《初学记》序言云："人生而不学，与无生同；学而不能文，与不学同；能文而不载乎道，与无文同。文之不可以已也如此。"曹文律师在浙江财经大学就读本科期间就聪慧好学、善于思考，给学院老师和同学们留下了深刻印象。毕业之后，经过香港中文大学、浙江大学研究生阶段的连续深造，以及十余年律师职场的历练，曹文同学不仅已经成为一名睿智的律师、律师事务所的高级合伙人和领导，而且依然保持着学生时代好学善思、勤于动笔的好习惯。现在，她把多年的工作经验，结合法学理论，凝聚成文字，付梓出版，分享给更多的并非她律师业务当事人的读者。生而能学，学而能文，文以载道，道返以用，这不是每一个法科毕业生或者执业律师都能做到的。我为曹文律师能取得这份成绩而欣慰，并期待她百尺竿头，更进一步，以自己的专业知识服务社会，为中国市场经济和法治建设，为中华民族的伟大复兴添砖加瓦，贡献力量。

　　是为序。

杨大春

2024 年 7 月于江南姑苏

自 序
——心有猛虎，细嗅蔷薇

《创业·守业·传业——企业经营之法律指引》发端于我 2018 年开始撰写的《曹律师谈创业》。从事律师工作的十二年间，我为浙江大学校友会、浙江财经大学创业学院等机构开展过多次法律培训，在培训期间，经常会有创业者咨询如何搭建股权架构以及如何签订股东合作协议等问题。为了可以更好地回答这些问题，我着手撰写了《曹律师谈创业》。在这基础上，我又延伸出了《创业企业设立法律指引手册》，并获得了杭州市第二届"法律服务产品"大赛一等奖。

随着我的客户们的成长，他们开始更多地关注企业经营过程中的法律问题，于是《曹律师谈守业》应运而生。随着业务范围在《公司法》领域的不断拓展，我学习了很多家族企业传承的案例，这些案例对于如何解决"富不过三代"的历史难题有着重要的借鉴和学习意义。在此基础上，我撰写了《曹律师谈传业》。因此，三部分的文章内容经过整合与完善后，结集形成了《创业·守业·传业——企业经营之法律指引》一书。

自 2012 年从香港中文大学国际经济法专业硕士毕业以后，我一直从事律师工作，并专注于为企业家提供公司法律服务。这期间服务过的企业既有上市公司，又有独角兽企业，既有国有企业，又有民营 500 强和外资企业等。在与企业家沟通交谈的时候，我发现优秀的企业家总是具有一些普遍的特性，他们对自己的事业充满热情而且目标坚定。我在与隅田川咖啡品牌创始人林总沟通的过程中，他每每谈及隅田川或者咖啡产业时，总是充满着激情以及对咖啡产业真正的热爱；我在为东恒石油赵总服务期间，见证了其365天每天坚持七点开始工作并且永远精力充沛的工作状态；我在为华侨创业者陈总服务期间，他总会提及回国创业报效祖国的初衷和坚持……还有许许多多的企业家，他们对待事业就如心有猛虎，他们像猛虎一样坚毅，像猛虎一样勇敢，像猛虎一样勇往直前。如此的热爱，如此的坚持，如此的奋斗，才最终助力其创业成功。

对于母亲而言，孩子就是其内心中最柔软的存在。对于企业家而言，企业就是其事业的美好化身。"In me the tiger sniffs the rose"（心有猛虎，细嗅蔷薇），每一位企业家在谈及他的公司时，都如数家珍。禾迈股份的杨总不仅是企业的经营者，也是企业重要产品微型逆变器的主要研发人员；正元智慧的陈总在创业之初，同时负责企业的采购、销售、研发等工作，身兼多职；RARA家居的汪总深入产品一线，主管家具产品从五金件的采购到定制成型的每一个环节……每一位成功的企业家，对待企业就如同对待自己的孩子，他们认真、负责并且专注，而企业的成功就是他们最大的梦想。

心有猛虎，细嗅蔷薇。愿每一位企业家都可以收获事业的成功。

目录 | CONTENTS

上 篇 曹律师谈创业

第一章 创业准备

第二章 公司章程

第三章 合伙协议

第四章 税收及涉外

中　篇　曹律师谈守业

第五章　规章管理

第六章　公司合同

第七章　股权架构

下　篇　曹律师谈传业

第八章　企业传承特点

第九章　企业传承的故事

第十章　财富传承的方式

第十一章　财富传承金融工具

附　录

上 篇

曹律师
谈创业

第一章　创业准备

创业的类型选择：有限公司 *VS* 合伙企业 *VS* 个体工商户

在创业之初，创业者首先需要选择的就是创业的载体，也就是企业类型。根据我国法律规定，创业者在初始创业时可以选择的企业类型基本为三类，即有限公司形式、合伙企业形式和个体工商户形式。

有限公司可以分为有限责任公司和股份有限公司。根据《公司法》规定，有限责任公司的股东人数为 1 人以上 50 人以下，股份有限公司的股东人数为 1 人以上 200 人以下。《公司法》修订之后，有限责任公司的注册资本变为认缴制度，股东应当在公司成立之日起五年之内缴足；股份有限公司的发起人，则应当在公司成立前按照其认购的股份全额缴纳股款。目前，除特殊规定的公司以外，公司对有限公司的注册资本并没有最低限额的要求。

合伙企业主要可以分为普通合伙企业和有限合伙企业。普通合伙企业的合伙人都是普通合伙人，均需要为合伙企业承担无限连带责任。有限合伙企业则由有限合伙人与普通合伙人共同组成，其中至少有一个合伙人是普通合伙人。在有限合伙企业中，普通合伙人需承担无限连带责任，而有限合伙人则仅承担有限责任。合伙企业出资金额目前仍为认缴制度，由各合伙人按照合伙协议约定的出资方式、数额和缴付期限履行出资义务。

个体工商户是指公民在法律允许的范围内，依法经核准登记，从事工商业经营的个人或家庭。个体工商户在个人经营的情况下，以个人财产承担债务；在家庭经营的情况下，以家庭财产承担债务。

上述三类主要创业载体的具体对比如下：

	有限公司	有限合伙企业	个体工商户
投资人的称呼	股东	合伙人	个人
管理机构	股东会	普通合伙人执行事务代表	个人
规范文件	公司章程	合伙协议	无
公司债务	一般以出资额为限承担有限责任	有限合伙人根据出资额承担有限责任；普通合伙人承担无限责任	个人经营，以个人财产承担责任；家庭经营，以家庭财产承担责任

综上，结合公司治理的科学性和责任承担的有限性，我们认为有限公司是最适合初创企业的创业载体。

创业的股权分配：绝对控股 VS 相对控股

众所周知，股东会是每一家公司的最高权力机构，公司股东行使职权的方式就是通过参加股东会来对有关议案进行表决。所以股东持有公司较多的股权就可以获得对公司的一定控制权，甚至绝对控股权。

公司股东要获得绝对控股权需要持有公司多少股权？根据《公司法》第六十六条规定，股东会作出修改公司章程、增加或者减少注册资本的决议，以及公司合并、分立、解散或者变更公司形式的决议，应当经代表三分之二以上表决权的股东通过。因此，严格意义上的绝对控股是指其中一名股东持有公司66.67%以上的股权，即能够控制公司全部重大事项的决策权。

除了重大事项的表决外，《公司法》还给予股东和股东会其他的权力，比如决定公司的经营计划和投资计划，选举和更换董事，审议和批准公司的年度决算方案，股东向股东以外的人转让股权等。若公司章程没有进行特殊约定，这些事项经持有公司股权二分之一以上的股东通过就可以，即50%以上的股权。

因此，当一名股东持有50%以上的股权，就获得了这个公司的控制权，因为任何议案若没有获得该名股东的同意，则无法通过。

若股东没有持有50%以上的股权，并不代表其无法控制公司，他可以通过约定股权投票比例、实行AB股形式、签署投资人协议、派遣董事会席位等方式获得对公司的相对控股权。

中国的大部分知名互联网企业均通过相对控股的方式实现实际控制人对公司的控制。

以派遣董事会席位的方式为例。若某公司有三名股东，其中股东甲持有公司 40% 的股权，股东乙持有公司 35% 的股权，股东丙持有公司 25% 的股权。公司设董事会，董事共有三人，其中股东甲可以委派两名董事，股东乙可以委派一名董事。公司设监事一名，由股东丙委派。在这个公司中，股东甲可以委派公司董事会的两名董事，同时董事会根据《公司法》规定通常会按照人数进行表决，则股东甲委派的董事可以对董事会产生绝对控制，从而控制公司的重大经营决策。因此，股东甲可以被认定为公司的实际控制人。

虽然大部分股东都希望在公司拥有的股权越多越好，但并不是最多的控股权就可以为企业带来最大的盈利。李嘉诚曾经对他的儿子李泽楷说过："如果你和别人合作，假如你拿七分合理，拿八分也可以，那我们李家拿六分就行了。"因此，合理的股权分配才是公司长远发展之道。

创业的股权预留：合作伙伴 VS 员工激励 VS 投资人股权

创业圈中广为流传的两大美谈就是阿里巴巴的"十八罗汉"和腾讯公司的"五虎将"。阿里巴巴的"十八罗汉"是指 1999 年跟随马云一起创立阿里巴巴的十八名创始人。腾讯"五虎将"是指深圳市腾讯计算机系统有限公司的五个创始股东，分别是 CEO（首席执行官）马化腾、CIO（首席信息官）许晨晔、CTO（首席技术官）张志东、COO（首席运营官）曾李青和 CAO（首席行政官）陈一丹五人。

俗话说得好：众人拾柴火焰高。创业也需要一群好伙伴的共同支持、奋斗和努力。因此，在个人创业的时候，需要充分考虑到合作伙伴之间的股权分配，公司可以根据股东的资金投入、专业技术能力、公司管理能力、人脉资源等多方面，来合理分配该名股东的股权比例。

企业在分配股权的时候，可以提前考虑未来发展给员工所需要预留的激励股权。因为只有人才，才是企业成长的第一动力。企业员工的股权激励，一般都需要根据员工的岗位级别、工作能力、研发能力、销售能力、入职年限等多方面，来确认该员工可以获得的股权数量或期权数量。

随着中国资本市场的不断发展，越来越多的投资人成为企业重要股东之一。在企业初创阶段的投资人，大多为天使投资人或政府投资机构。初创阶段的企业估值较低，投资人愿意投资占股的比例相对较高。企业在与天使投资人或者政府投资机构合作的过程中，可以根据自身的资金需求、企业的未来规划，来合理地确定天使轮的融资金额和股权比例。

随着企业的发展壮大，财务投资人以及行业投资人会首先关注到企业的发展并进行投资。其中财务投资人一般以合理的财务回报为主要目标，目前大部分按照年化 8%—12% 的回报率来投资企业的股权。行业投资人是指和创业企业处在相同或相关行业的投资人，通常是行业中的大型企业或上市公司。他们对初创企业的发展前景以及双方之间供应链的上下关系尤其关注，行业投资人也可以给创业企业带来一定的行业资源。在企业进入稳定期或者上市之前，会有私募投资机构等希望对企业进行投资，私募投资机构一般以追求企业上市后的高价值为目的，希望帮助企业完成上市前的"凤凰涅槃"。

企业应当根据不同投资人的投资目的、属性，与其签订相适应的投资合同，并且慎重签订有关"对赌""回购""业绩承诺"等重点条款。以餐饮企业俏江南为例，实际控制人张总因为在引入投资人时不谨慎，签订法律条款时不理解，而最终失去了花费二十年心血创办的俏江南集团。投资人的引入是一把双刃剑，企业在引入投资人时应当慎重考虑。

租赁办公场所需要注意的法律问题

一起创业的合伙人在确定创业的企业类型和各自的股权比例之后，就应该开始脚踏实地地寻找合适的办公场所了。办公场所有多种类型可供选择，包括写字楼、联合空间、众创空间、孵化器等，租赁方式包括合租、转租、直租等。这时候你就需要结合自身情况，比如办公房屋的成本预算、租赁时间以及办公环境要求、办公场所性能等作出合理选择。

本节将主要为大家介绍在房屋租赁合同签订中所涉及的法律问题。

一、租赁期限

租赁期限的签订需要注意两个法律风险：一是租赁期限不等于合同签约时间，而是房屋实际开始使用时间。二是对于企业来说，大部分商铺或者办公场所都会有一定的房屋免租期，也就是俗称的"装潢时间"，所以在签订合同的时候需要明确房屋免租期的时间和租金开始起算的具体日期。

二、租金以及支付方式

以公司的办公场所为例，大部分房屋的租金是按建筑面积进行计算的，因此在签订合同时需要核对出租人所出具的房产证书上的具体面积。租金条款中除了租金以外，还应当对公共能耗费、水费及电费等费用进行约定。除了租金金额以外，在合同中也需要对租金的支付方式以及保证金进行约定，合同中应当写明收款账号、支付方式，以及保证金的金额等。

三、违约条件和违约金

违约条款是每个合同中不得不考虑的一个条款。在租赁合同中，承租方比较容易违约的情况包括承租人私自转租、承租人未按时足额支付房租、承租人损坏房屋装修等；出租方比较容易违约的情况包括出租人未按时交付房屋，出租人未按约支付物业费、水电费，出租人未按约给承租人进行续租等。

对于上述容易违约的情况，承租人和出租人都应该在合同中进行明确约定。若双方同意的情况下，可以明确约定违约金的具体金额，以便督促双方更好地遵守合同的约定。

四、税款的约定

在房屋租赁合同中经常容易遗漏的条款是关于税款的约定。在房屋租赁之后，承租人和出租人应办理房屋租赁登记备案证明和税务缴纳事项。若双方未在合同中对税款缴纳的责任人进行明确约定，双方容易就税款缴纳的责任产生纠纷。

创业的基本工商办理指引

企业在经过我们前四节的筹划之后，基本上已经有了一个雏形，但是企业并没有真正设立。企业的设立需要去当地市场监督管理部门办理企业设立的登记手续。因此，企业需要在办理登记手续并领取营业执照之后，才成为法律意义上的独立的法人主体。

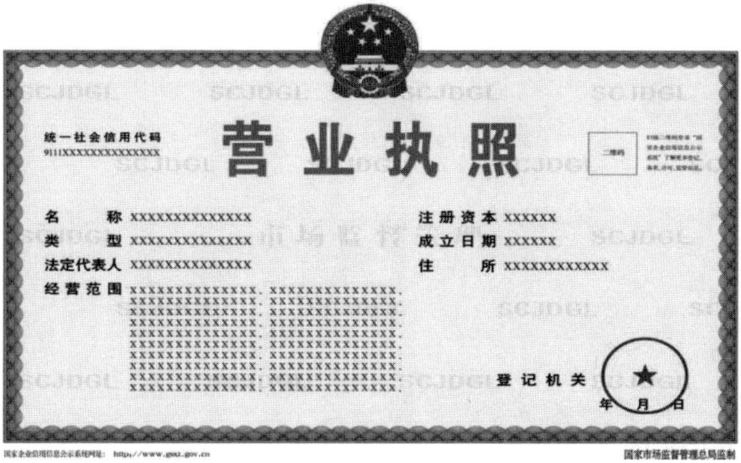

图 1-1 公司营业执照正本格式示意图

鉴于国家在推广"最多跑一次"的惠民服务，企业申请的时候，一般可先在网上进行名称预核准，名称核准之后，可以在网上进行企业设立申报。以有限公司为例，企业的设立登记流程一般如下：

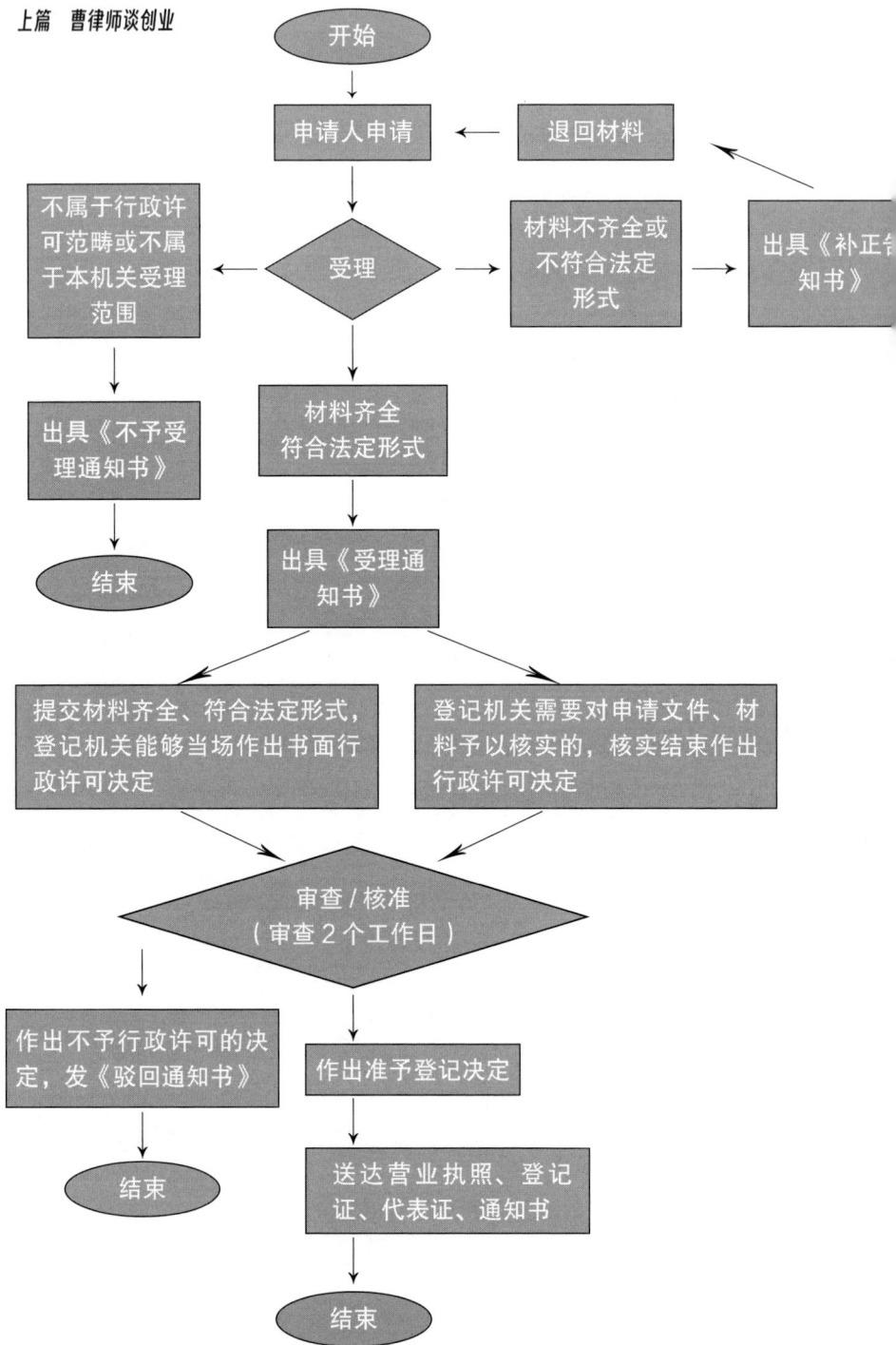

图 1-2　企业设立登记流程图

第二章 公司章程

公司章程在公司的地位和作用

公司章程在公司的地位，就类似于宪法在法律中的地位，属于公司的最高指引和"根本大法"。因此，公司章程的规定，不论是对内还是对外，都具有最高效力和约束力。早期，大部分企业使用的公司章程通常为工商局所提供的模板文件，但这些模板文件通常存在着以下三大问题：

一、公司章程无法精准反映股东之间的合法诉求

例如，公司章程的模板文件中对股东分红未进行约定，虽然《公司法》中规定按照实缴比例进行分配，但在实践过程中，很多公司仍然按照认缴比例进行利润分配。再比如，很多新设的公司前三年为满足企业运营需要，股东口头同意不进行分红，但是却没有在公司章程中进行约定，那么一旦发生纠纷，则会对公司正常运营产生不良影响。

二、公司章程无法精准对接公司的特殊情况

例如，公司由甲、乙两名股东共同设立，双方按照50%和50%进行出资。其中甲负责公司的日常经营管理活动并全职在公司进行工作，乙仅缴纳出资额，不参与公司具体管理。如果

未在公司章程中进行特殊约定，那么甲、乙对这家公司的收益是按照50%对50%的股权比例对半享有，这对在公司兢兢业业、辛辛苦苦工作的甲不公平，长此以往，两名股东之间往往会产生嫌隙。若我们在公司章程中根据股东对公司的贡献情况，并结合双方出资额，对分红权进行一个特殊约定，则可以避免这样的情况发生，也可以更好地反映公司的实际情况。

三、合作协议约定的内容因未在公司章程中体现而丧失效力

有些股东提出，一些事项虽然没有在公司章程中进行约定，但众股东在合作之初已经签署了合作协议。合作协议的确是一个企业设立的基础，但它也只是更加完善的公司章程的一个初稿，合作协议中的约定只有在公司章程中得以体现，才可以真正产生效力。不然合作协议仅仅是创始股东之间的约定，并不能够约束其他人，或者后续加入公司的其他股东。

如何解决这些问题呢？这就需要公司根据自身的实际情况和合作伙伴的条件与要求，来统一起草和制定公司章程，让公司章程和相关法律发挥最大的作用。

如何起草公司章程 (1) ——出资额

公司章程中首先需要确定的就是公司的注册资本和各股东的出资比例以及出资方式。首先，我们先来看一下《公司法》中对有限公司出资额的部分规定，具体如下：

法条	法律条文	简单释义
第三条	公司是企业法人，有独立的法人财产，享有法人财产权。公司以其全部财产对公司的债务承担责任	公司是一个独立的民事法律主体
第四条	有限责任公司的股东以其认缴的出资额为限对公司承担责任；股份有限公司的股东以其认购的股份为限对公司承担责任	公司股东以出资额为限对公司承担责任
第四十七条	有限责任公司的注册资本为在公司登记机关登记的全体股东认缴的出资额。……法律、行政法规以及国务院决定对有限责任公司注册资本实缴、注册资本最低限额、股东出资期限另有规定的，从其规定	《公司法》目前对注册资本没有具体限额要求
第四十八条	对作为出资的非货币财产应当评估作价，核实财产，不得高估或者低估作价。法律、行政法规对评估作价有规定的，从其规定	股东除了用货币出资，还可以用实物、知识产权、土地使用权、股权、债权等进行作价出资

法条	法律条文	简单释义
第四十九条	股东未按期足额缴纳出资的，除应当向公司足额缴纳外，还应当对给公司造成的损失承担赔偿责任	股东未按时缴纳注册资本，要对公司承担责任
第五十条	有限责任公司设立时，股东未按照公司章程规定实际缴纳出资，或者实际出资的非货币财产的实际价额显著低于所认缴的出资额的，设立时的其他股东与该股东在出资不足的范围内承担连带责任	股东以非货币出资的，需要合理评估价格
第五十五条	有限责任公司成立后，应当向股东签发出资证明书	股东出资完成后，公司应当出具出资证明书
第二百六十五条	控股股东，是指其出资额占有限责任公司资本总额超过百分之五十或者其持有的股份占股份有限公司股本总额超过百分之五十的股东；出资额或者持有股份的比例虽然低于百分之五十，但依其出资额或者持有的股份所享有的表决权已足以对股东会的决议产生重大影响的股东	公司的控股股东一般指持有公司50%以上股权的股东

有关注册资本的规定，我们在制定公司章程时尤其需要注意以下几点：

一、根据实际情况设定公司注册资本和认缴的出资额

2013 年 12 月 28 日，十二届全国人大常委会第六次会议审议并通过了《公司法》修正案，删除了有限责任公司注册资本最低 3 万元和一人有限责任公司注册资本最低 10 万元的限额要求。因此，设立公司取消了注册资本的最低限额要求。

在实际操作中，存在部分公司注册资本金额设定较低，后期公司运营资金需通过股东借款或个人垫付资金的方式来补充现金流。这种运营方式存在两种风险：一是个人资金可能无法被认定为是股东对公司的投入。二是股东借款并不是股东的出资。公司若发展良好，这部分借款无法按照股权来享受股东权利；公司若发展不好，鉴于股东身份，产生的损失也有可能难以得到赔偿。

在实际操作中，同样也存在部分公司为了体现公司的"高大上"，而将注册资本设定得很高的情况。这种情况需要注意，股东是以认缴出资额为限对外承担责任，债权人可以要求股东在认缴而未缴纳的范围内对公司承担连带责任。

因此，公司在确认注册资本总金额和股东认缴金额的时候，应当合理评估公司的运营情况，一般首期出资能够覆盖公司未来六个月基本运营的资金需求即可。

二、合理评估非货币出资

《公司法》第四十八条列举的非货币出资方式主要有实物、知识产权、土地使用权、股权和债权等。在股东以非货币形式进行出资的时候，我们应当从三个方面来考量：一是该非货币

出资必须为公司生产经营所需要，应当具备可以实现股东合作目的、提升公司经营发展品质和功效等作用；二是该非货币出资可以通过评估来确定价格，如果评估价显著低于公司章程约定金额，很有可能被认为该股东未全面履行出资义务；三是该非货币出资具有可以变现的功能，可以进行独立转让。

那么我们应当如何设计有关注册资本的条款呢？

1. 公司应当根据实际情况申请公司注册资本金额、缴纳出资的时间和方式。

2. 董事会有权对分期缴纳出资的时间、方式及数额进行调整。

3. 根据股东实缴金额来合理分配股东之间的分红权、投票权等多项权利。

4. 公司章程应当对公司股东的股权结构进行合理设计，避免出现公司僵局。

如何起草公司章程 (2) ——公司的组织结构

公司组织结构是公司股东会、董事会、监事会之间权力分配与制衡的制度安排。股东会系公司的最高权力机构，行使最终控制权，董事会或执行董事行使公司的经营决策权，监事会行使监督权。董事会委托经理层实施管理权，通过聘任和考核总经理对其进行监督和控制，由此实现"三会四权"的分工制衡机制。

公司章程在公司组织结构制定和权力分配上具有重大作用，主要有以下三个方面：

一、股东可以通过章程的约定来制定公司的组织结构

《公司法》规定，公司可以设董事会或者执行董事。因此，股东人数较少或规模较小的公司就可以不设董事会，而设执行董事一名。对于监事会，也是同样的道理。

二、股东可以通过章程的约定来明确组织机构的职权和责任

在公司组织机构的职权和责任限定上，公司章程具有很大的自主性。例如，杭州 ABC 有限公司有甲、乙两名股东，其中甲持股 60%，甲除参加股东会外不参与公司的经营管理，乙持股 40%，担任公司的经理，并负责公司的日常管理工作。甲虽然对乙非常信任，但担心乙在市场上进行盲目扩张，未经其同意，而独自用公司名义或公司资产对外进行大额负债或借款。因此，甲、乙双方可以通过公司章程约定，如"为公司贷款，将公司

的固定资产抵押或设定任何负担，并且被抵押或设定负担的固定资产的价值大于或等于公司净资产的 10％ 的决议，应当经公司股东会代表二分之一以上股权的股东通过"。

三、股东可以通过章程的约定来保障组织机构的良好运行

公司章程中除了可以对股东会、董事会、监事会、经理的职权进行明确限定外，还可以设置组织机构的构成人员、选举方式、选举时间等。《公司法》修订后，对于公司在组织机构产生办法、议事规则上给予了公司章程更大的自主权和自治空间，公司应当对其予以重视，并通过章程约定来保障组织机构的良好运行。

那么在实践操作中，我们应当如何设计有关组织结构的条款呢？

1. 公司应当根据股东人数、发展情况来合理设置公司组织机构。

2. 公司应当根据自身需要，扩大或优化股东会、董事会、监事会、经理的职权范围，形成合理的权力配置路径。

3. 对于公司的对外投资、担保事项，应当设置风险控制条款，充分保障未参与经营管理的股东、投资人股东或小股东的权利。

4. 公司章程中应当订立组织机构的选举、召集、任期等必要条款，避免出现公司僵局。

如何起草公司章程（3）——公司的股权转让

股东共同创设公司之后，部分股东会因工作发展、家庭情况、内部矛盾等多种原因而选择离开公司。因此，公司股东在设立公司时，应当就股权转让的相关事宜在章程中进行明确约定。具体如下：

一、未实缴股权的转让

公司股东在转让股权的时候，受让方应当重点注意转让方的股权是否已经实缴到位。若该转让方的股权并未实缴到位，则受让方在受让之后就需要承担未实缴股权的缴付责任。

例如，杭州 ABC 有限公司的注册资本为 100 万元，其中张三持有公司 30% 的股权，但 30 万元均未进行实缴。李四并不知道张三没有实缴，且同意张三将其持有的 30% 的股权按照 30 万元的价格转让给他。但是在实际转让完成以后，李四除了需要向张三支付 30 万元的转让款，还需要承担对公司 30 万元股权的实缴义务。因此，受让方在受让股权之前，应当明确知晓转让方的具体实缴金额，以及需要承担多少的认缴义务。

二、股东的优先购买权

优先购买权以"同等条件"为前提，但同等条件并不是同等价格的同义语，其至少应当包括：1. 价格相等；2. 付款时间相同；3. 付款方式相同；4. 购买的标的等同。

同时，若公司章程中没有对优先购买权进行明确的约定，我们一般认为若股东需要行使优先购买权，则需要购买整体受让的股权。若公司章程中准许股东行使部分股权的优先购买权，则应当尊重公司章程的约定。

三、特殊身份股东转让股权的限制

股份公司经常约定发起人在公司设立一年内不得转让股份，《上市公司董事、监事和高级管理人员所持本公司股份及其变动管理规则》中也对这些特殊身份股东的转让时间和转让比例进行了明确的要求。其实，普通的有限公司也可以结合自身的实际情况，对公司股东的股权转让进行限制性约定，以保障公司成立后的平稳运营。

那么，公司在设计有关股权转让条款的时候应当注意以下五个方面：

1. 准确知晓受让股份的实缴金额与认缴金额。

2. 明确约定优先购买权的概念和定义。

3. 对特殊身份股东的股权转让进行限制。

4. 对股权的内部转让和外部转让进行明确约定。

5. 控股股东应根据自身需求，约定防稀释条款、优先购买权等保障性条款。

如何起草公司章程 (4) ——其他

在前面的内容里，我们分别结合股东的出资额、公司的组织结构和股权转让介绍了公司章程中可以由股东进行自治性约定的一些重要条款。公司章程里，除了上述三个方面的内容，其实还有其他可以进行约定的条款。具体如下：

一、公司股东的权利义务

根据《公司法》规定，公司股东拥有多项权利，其中大部分股东权利都可以通过股东约定的形式进行修改，以便更加符合企业实际经营的情况。具体情况如下：

序号	权利	基本释义	特殊约定
1	确认股东会、董事会决议无效权	当公司股东会、董事会决议内容违反法律或侵害股东合法利益，股东可要求撤销该决议	强制性约定
2	股东知情权	有权查阅、复制公司章程、股东名册、股东会会议记录、董事会会议决议、监事会会议决议、财务会计报告	强制性约定，不可缩小知情权范围，但可扩大

序号	权利	基本释义	特殊约定
3	股东质询权	股东可就公司经营情况等向董事、监事、高级管理人员在股东会上进行质询，董事、监事、高级管理人员应当列席会议并接受质询	强制性约定，但可以对质询的程序进行约定，并对商业秘密进行保密设计
4	股东代表诉讼权	股东可以提起股东代表诉讼	强制性约定，可在诉讼前设置前置程序
5	股东直接诉讼权	公司违反法律、行政法规或侵害股东合法利益的，股东有权诉讼	强制性约定
6	异议股东股权回购请求权	对公司股东会决议持反对意见的股东所享有的有权要求公司以合理公平价格收购股权的权利	强制性约定，可约定行使异议回购权的程序以及回购价格
7	股东会召集请求权、自行召集主持权	股东所持股份达到法定份额和要求的，可以召集股东会	强制性约定，不可提高股份要求，但可以降低股份要求
8	申请公司解散、清算权	公司发生公司僵局的，股东可以申请解散、清算公司	强制性约定，建议设立合理的股权结构以防止陷入公司僵局，若发生，要有程序可依

续　表

序号	权利	基本释义	特殊约定
9	公司剩余财产分配请求权	公司解散、注销后，若有剩余财产，股东可以要求分配	强制性约定，但对股东之间的分配顺序、比例可以进行约定
10	股东提案权	符合条件的股东有提出议案并交股东会审议的权利	股份有限公司有规定，有限责任公司没有，可根据公司情况制定
11	股东表决权	股东基于股权比例、股东地位，就议案作出一定意思表示	建议根据公司实际情况设定表决权比例
12	新股优先认购权	股东对公司增加注册资本、发行新股可以具有优先认购权	可根据公司实际情况指定认购方式和优先比例
13	股权转让、继承、赠与权	股东转让股权，股东去世后股权继承，股东将股权赠与他人	应根据公司股东实际情况制定
14	股东优先购买权	股东有权优先购买其他股东转让给第三人的股权	可根据公司实际情况，指定优先方式和优先比例
15	股利分配请求权	股东有权请求公司给自己分配股利	建议根据公司实际情况设定股权分红比例

二、公司的财务会计制度

公司财务会计制度虽然不是公司章程的必备内容，但却是公司营业状况和核心价值的体现工具，因此股东可以在公司章程中针对财务会计制度进行一些框架性的约定：

1. 公司财务会计年报、半年度报告的出具时间和所包含的内容。

2. 公司财务会计月报、季度报告是否需要股东会、董事会进行审议。

3. 股东对财务会计报告、会计账簿的知情权的范围和查阅程序。

4. 法定公积金、任意公积金的提取和股利的分配。

三、公司的合并、分立

公司的合并、分立虽不是章程必要条款，但对公司的组织形式会产生重大影响，即使不对合并、分立设立单独章节，也应当设置框架性约定，主要包括：

1. 公司合并、分立的程序以及投票规则。

2. 公司合并、分立的信息披露和披露程序。

3. 合并公司股东优先认购权的排除。

4. 分立公司中小股东选择权和一票否决权。

公司章程中的股东自由约定权就介绍到这里，希望大家以后不再简单采用早期工商局的模板性文件，而是可以结合公司、股东的自身情况，根据公司的发展阶段和要求，来制定最符合公司、股东需求的"个性化的公司宪法"——公司章程。

第三章 合伙协议

合伙企业的概念和特殊性

在第一章中，我们介绍了合作伙伴设立的组织形式包括有限公司、合伙企业、个体工商户。本节内容主要为大家介绍合伙企业的相关概念和规定。

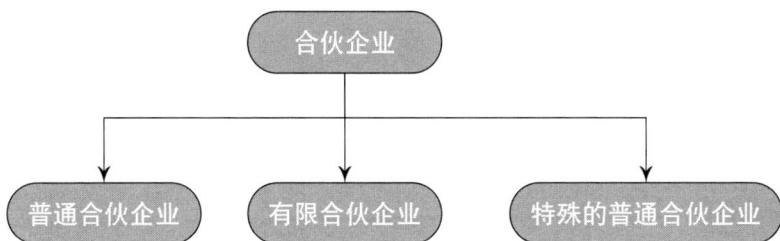

图 3-1 合伙企业的三种形式

合伙企业，是指自然人、法人和其他组织依照《合伙企业法》在中国境内设立的普通合伙企业和有限合伙企业。合伙企业具体而言包含三种形式。

一种是普通合伙企业，全体合伙人都是普通合伙人，合伙人对合伙企业债务承担无限连带责任。

一种是有限合伙企业，合伙人由普通合伙人和有限合伙人组成，普通合伙人对合伙企业债务承担无限连带责任，有限合伙人与公司的股东一样，以其认缴的出资额为限对合伙企业债务承担责任。

　　还有一种是特殊的普通合伙企业，仅适用于以专业知识和专门技能（如法律知识与技能、医学和医疗知识与技能、会计知识与技能等）为客户提供有偿服务的专业服务机构。在特殊的普通合伙企业的合伙人中，一个合伙人或者数个合伙人在执业活动中因故意或者重大过失造成合伙企业债务的，应当承担无限责任或者无限连带责任，而其他合伙人以其在合伙企业中的财产份额为限承担责任。像律师事务所、会计师事务所等专业机构，就通常采用的是这种形式。

　　通过对合伙企业概念的解析，我们可以通过下表来对有限公司、有限合伙企业和普通合伙企业的管理方式和成立基础等进行对比。具体如下：

	有限公司	有限合伙企业	普通合伙企业
成立基础	公司章程	合伙协议	合伙协议
出资人	股东	有限合伙人及普通合伙人	普通合伙人
出资人责任	以出资额为限	有限合伙人以出资额为限；普通合伙人无限连带	合伙人无限连带
投票权	以股权比例作为表决权	普通合伙人负责日常经营管理，可以控制投票权	以合伙份额作为表决权

续　表

	有限公司	有限合伙企业	普通合伙企业
财产关系	公司与股东严格分离	合伙人与公司财产分离，但仅需要缴纳一层税收	通常具有一定关联性
盈利分配	根据股权比例分配	通常普通合伙人可以多分配利润	根据合伙份额分配

　　通过上面的对比，我们可以发现，普通合伙企业和有限公司还是存在很多的共性的，但是有限合伙企业和有限责任公司在公司经营管理、利润分配、责任承担上就存在了较大的不同。也正是因为这些差异性，有限合伙企业才会在资本市场的基金投资领域、股权激励的员工持股平台中进行广泛运用。

如何起草合伙协议——合伙协议中需注意的事项

上一节内容给大家介绍了合伙企业的基本概念以及合伙企业和有限公司的异同。本节内容将主要讲解合伙企业的合伙协议中需重点关注的事项。

一、企业的出资方式

合伙企业中的普通合伙人可以用货币、实物、知识产权、土地使用权或者其他财产权利出资，这些和有限公司的股东以及有限合伙人是一样的。不一样的是，普通合伙人还可以用劳务的方式在合伙企业进行出资。

二、转让财产份额

在普通合伙企业中，合伙人向合伙人以外的人转让其在合伙企业的财产份额，要经其他合伙人一致同意，这重点体现了普通合伙企业的"人合性"。

在有限合伙企业中，合伙人的份额转让和有限公司类似，合伙人可以按照合伙协议的约定向合伙人以外的人转让财产份额，但应当提前三十日通知其他合伙人。

三、利润分配

在有限公司中，股东的利润份额基本是按照股东的认缴额或者实缴额进行分配的。但是在普通合伙企业中，合伙人之间的利润分配一般是由合伙人在合伙协议中进行约定的，但是不得约定将全部利润分配给部分合伙人。在有限合伙企业中，一般也不得将全部利润分配给部分合伙人；但是，合伙协议另有约定的除外。

与利润分配相关的，在合伙企业中，企业无须缴纳企业所得税，而是由合伙人就个人从合伙企业获取的利润分配缴纳所得税。

四、竞业禁止

根据《合伙企业法》中的规定，普通合伙企业中的合伙人都需要承担竞业禁止的责任，不得同业竞争。而在有限合伙企业中，仅对普通合伙人有竞业禁止的要求；有限合伙人则可以自营或者同他人合作经营与本有限合伙企业相竞争的业务，但如果合伙协议中对有限合伙人有特殊约定，则应当按照约定。

在股权激励中，我们也经常会采用有限合伙企业的形式。在这种情况下，我们对参与股权激励的员工需要进行竞业禁止和防止不正当竞争的约定，也可以设定较高的违约金。

五、同合伙组织交易

根据《合伙企业法》中的规定，普通合伙企业中的合伙人不得同合伙组织进行交易。而在有限合伙企业中，有限合伙人则可以和合伙组织进行交易，普通合伙人不可以进行交易。

除了常见的合伙企业以外，现在的私募投资机构也经常采用有限合伙企业作为基金的投资载体。在私募投资机构的合伙企业中会增加一些针对性的约定条款，具体如下：

1. 基金存续期限：从有限合伙企业的营业执照签发之日起计算。

2. 基金的运作方式：封闭式、开放式或其他方式。

3. 基金的投资范围、投资策略和投资限制。

4. 基金的收益分配原则、亏损分担方式。

5. 基金份额的认购、赎回或者转让的程序和方式。

6. 基金托管人、基金管理人等机构的相关约定。

如何起草股东之间的合作协议（1）——股权分配

很多公司创始人都非常关心合作初期的股东合作协议的模板文件，但正如世界上没有完全相同的两片树叶一样，每一家公司也都是不一样的，公司需要根据合作人的不同情况、产业背景、合作预期等情形，来约定股权分配、权力分配、利润分配以及退出等条款。本节内容将首先介绍公司股权分配的事宜。

新东方、真格基金的创始人徐小平说过："人生最悲哀的事情莫过于年轻的时候不懂爱情，创业的时候不懂股权。"可想而知，股权对于一个创业公司是多么的重要。

真功夫是国内一家中式连锁餐饮公司，由潘宇海、蔡达标、潘敏峰三人于1994年在广东东莞创立，股权结构为潘宇海占50%，蔡达标、潘敏峰夫妻二人占50%。公司创始之初是一家街边餐饮店，由大厨出身的潘宇海负责主要的运营管理。公司在后续发展中，陆续实现了中式快餐的标准化、规模化加工，成为知名中式快餐连锁店。在企业现代化过程中，蔡达标为公司发展作出了巨大贡献，于是他逐步成为公司的实际控制人。2006年，蔡达标与妻子潘敏峰协议离婚。潘敏峰将全部股权转归蔡达标所有，即蔡达标个人持有50%的股权。公司股权结构变为潘宇海占50%，蔡达标占50%。2007年开始，蔡达标开始为真功夫上市做准备，先后引入"今日资本"和"中山联动"两家风投，并各占3%股权。2003—2009年，蔡达标以"去家族化"为名，逐步排挤潘宇海。在蔡达标与潘敏峰离婚之后，潘宇海与蔡达标的矛盾正式激化。

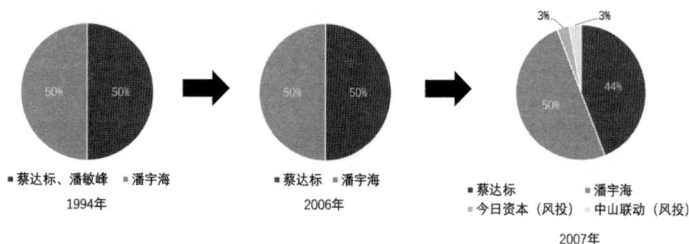

图 3-2　真功夫股权结构的演变

2009—2010 年，潘宇海拿起法律武器开始维权，通过知情权诉讼开始了对公司的司法审计。司法机关在审计过程中发现了蔡达标的违法犯罪线索，于 2011 年开始对蔡达标立案侦查。2014 年 6 月，广州市中级人民法院作出终审判决，蔡达标犯职务侵占罪和挪用资金罪，判处有期徒刑 14 年。

从这个案例中我们可以看到，该企业创立的时候两名股东是按照平均分配的方式来设置公司股权的。这种分配方式因为股权比例相同，导致公司没有控股股东，也没有小股东，一旦产生矛盾，会出现公司僵局的情况。股权的平分结构是一种比较糟糕的股权架构，但是由于当时二人还没有闹矛盾，加上创业期双方都专心发展企业，于是并没有意识到该股权结构是无法应对未来的变局的。

在公司的股权架构中，首先需要确认公司股东中的领头羊，也就是控股股东。如果大家的话语权一样多，那么任何一家公司都是难以作出任何重大决策的。一般我们都会建议，控股股东持有公司 51% 以上的股权。其次，合作伙伴应当结合自身的业务能力、资金投入、对公司的预计贡献程度等指标，来衡量分配合伙人之间的股权。最后，我们建议对于一个发展中或者在以后会产生较大变化的行业或公司，需要预留 20% 左右的股权，这一部分股权可以在公司从起步期迈入成长期之后，结合合伙人的贡献程度进行股权分配，也可以预留给后期的合作伙伴或者用于员工股权激励。

如何起草股东之间的合作协议（2）——经营管理

上一节给大家讲了股东之间应该如何分配股权，那么本节内容就给大家讲一下股东之间应当如何分配经营管理权。公司的经营管理权最主要的就是公司股东对公司董事会、监事会、高管的选择和派遣权，包含的人员有公司董事、监事、经理和高级管理人员。

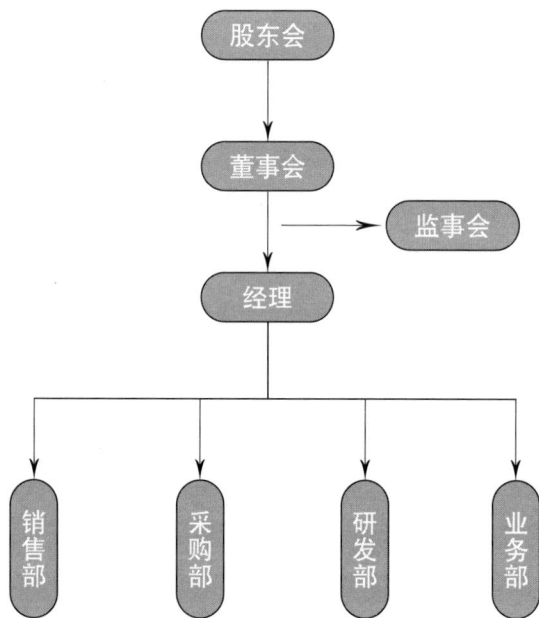

图 3-3　公司组织架构图

首先，我们先来看一下公司的董事会。根据《公司法》的规定，有限公司可以根据自身情况决定是否设立董事会。若公司决定不设董事会，则需要设执行董事一名，该执行董事通常由持股比例最高的大股东担任或者派遣。若公司决定设董事会，则董事会的人数应当在 3 人以上，一般我们建议人数为奇数较佳，因为偶数人数的董事会容易产生投票僵局，而影响公司的正常经营活动。股东在股东合作协议中可以明确约定公司是否设立董事会以及董事会成员分别由公司哪几名股东进行派遣。如果股东希望对董事会的审批权限或者职责进行更多明确的话，也可以在股东合作协议中进行详细约定。

其次，大部分中国企业并不在意监事的人选，但其实监事在法律上和司法实践中都具有较大的权力。监事的设置和董事类似，公司可以选择设置监事会或者仅设置 1—2 名监事会成员。新修订的《公司法》施行后，公司若没有监事需求的，也可以不设立监事。监事的主要职责包括：1. 检查公司财务；2. 监督董事、高管执行公司职务的行为，并对董事、高管提出罢免建议或提起诉讼；3. 提议召开临时股东会议和提出议案。

通常情况下，如果公司由两名股东设立，并且在合作协议中约定由其中一名股东负责派遣公司执行董事，则另外一名股东有权派遣公司监事，这样有助于股东对公司进行监督，也有助于公司权力的平衡分配。

再次，公司中还有一名高管需要在合伙协议中约定，这名高管就是公司的经理，也是通常负责公司日常经营管理的人员。在多数创业型企业中，公司的经理通常由执行董事兼任，这种情况下仅需要在合作协议中约定公司的经理由公司执行董事担任即可。若公司需要对外聘请经理，则可以在合作协议中约定公司经理由某某股东负责推荐，或公司经理的人选应当由董事会一半以上董事同意。鉴于公司经理能够掌控公司的日常经营权，并承担较多的工作职能，建议公司在起草股东合作协议时对经理的人选选择权进行约定。

最后，上述有关经营管理权的选择和分配，股东们除了在合作协议中进行明确以外，还需要将其在公司的章程或合伙协议中予以体现。因为只有这样，这些约定才可以对内对外都达到最高的法律效力。

如何起草股东之间的合作协议（3）——利润分配

　　股东之间除了需要分配股权和经营管理权，还需要对公司的利润分配进行约定，具体如下：

一、利润分配的法定原则

　　《公司法》中对利润分配的规定不多，主要是关于法定公积金和利润分配法定原则的相关规定。

　　1. 法定公积金和任意公积金

　　《公司法》中要求公司在分配利润之前提取法定公积金，提取的总金额为公司注册资本的百分之五十。提取的方式为公司分配当年税后利润时，提取利润的百分之十列入公司法定公积金。若公司提取的法定公积金总额已到百分之五十，可以不再提取。

　　若公司在提取了法定公积金之后，仍然觉得公司的留用资金不足，则可以通过股东会或者股东大会为公司设定任意公积金。在会议通过之后，公司就可以从税后利润中提取任意公积金，任意公积金的金额也是由公司的股东在股东会上进行确认的。

　　2. 红利的分配方式

　　在公司弥补亏损和提取公积金后所余税后利润，有限责任公司的股东按照实缴的出资比例分取红利，股份有限公司按照股东持有的股份比例分配。

　　如果股东会、股东大会或者董事会违反法定公积金的预留规定，在公司弥补亏损和提取法定公积金之前向股东分配利润的，股东必须将违反规定分配的利润退还公司。同时，法律中明确规定，公司持有的本公司股份不得参与利润分配。

二、利润分配的可约定性

《公司法》中明确规定，股东可以自行商量利润的分配方式。因此，公司的红利分配具有可约定性。但是在约定的过程中，需要注意以下三个原则：

1.红利分配的约定应当具有公平性和合理性。若公司不按照股权比例进行分配，则可以结合公司的实缴资本金额、股东的贡献度、公司的发展阶段来约定红利的分配方式和金额。

2.公司在正常经营的情况下，不能超过五年不向股东分配红利，否则会触发《公司法》中规定的股东回购请求权。

3.在合伙企业中，不得约定将全部利润分配给部分合伙人或者由部分合伙人承担全部亏损。

三、利润分配的可预留性

现今世界瞬息万变，所以很多公司在分配股权的时候都会有动态股权的预留设置。其实，在红利分配中，我们也可以进行一些预留设置。这个预留设置通常用于奖励公司的管理层和参与股权激励的员工。对于完成公司当年业绩要求和个人考核指标的员工，我们可给予其双倍分红的权利。员工在享受双倍红利的同时，可以在未来帮助公司创造更大的业绩。

如何起草股东之间的合作协议（4）——退出

合作容易相处难，公司在创立之初就应当慎重考虑合伙人如何退出的问题，这是一个大部分创业伙伴想在合作过程中进行避免却又不得不重视的一个环节。股东的退出可以分为以下两种情形，具体如下：

一、合伙人未缴纳注册资本情况下的退出

根据《最高人民法院关于适用〈中华人民共和国公司法〉若干问题的规定（三）》第十七条规定，有限责任公司的股东未履行出资义务或者抽逃全部出资，经公司催告缴纳或者返还，其在合理期间内仍未缴纳或者返还出资，公司以股东会决议解除该股东的股东资格，该股东请求确认该解除行为无效的，人民法院不予支持。

简单来说，就是股东如果认缴了注册资本，但是没有按照公司章程约定的时间进行足额缴纳，则公司有权催告该名股东尽快缴纳，若该股东仍然没有缴纳的，公司可以召开股东会为该名股东办理退股手续。在实践中，公司在召开股东会之后，还需要去市场监督管理部门为该名股东办理退股手续，但是鉴于股东除名容易引起被除名股东的较大争议，因此，若公司章程中未对退股进行明确约定或约定不规范、不清晰的，市场监督管理部门都不愿意配合公司为股东办理退股手续。

《公司法》修订后，新增了股东失权制度，第五十二条明确规定，股东未按照公司章程规定的出资日期缴纳出资，公司

依照前条第一款规定发出书面催缴书催缴出资的，可以载明缴纳出资的宽限期；宽限期自公司发出催缴书之日起，不得少于六十日。宽限期届满，股东仍未履行出资义务的，公司经董事会决议可以向该股东发出失权通知，通知应当以书面形式发出。自通知发出之日起，该股东丧失其未缴纳出资的股权。依照前款规定丧失的股权应当依法转让，或者相应减少注册资本并注销该股权；六个月内未转让或者注销的，由公司其他股东按照其出资比例足额缴纳相应出资。

因此，股东若没有按照公司规定的实缴期限缴纳注册资本的，则公司董事会可以通知股东失权，股东会可以召开会议对该股权进行失权登记，并进行转让或者注销。

二、公司在经营一段时间之后，合伙人之间因为经营理念、发展观念不同，部分合伙人选择退出

阿里巴巴主要创始人马云曾经说过："今天很残酷，明天更残酷，后天会很美好，但绝大多数人都死在明天晚上。"创业的过程通常是艰辛并且残酷的，一起合作的小伙伴们能一路相互扶持走到最后是非常难得的。通常情况下，新公司在经营一段时间之后，合伙人之间难免会因为经营理念、发展观念不同而选择退出。那么退出的价格应该如何来确认呢？

首先，合伙人的退出价格应该结合公司的发展阶段来确定，具体如下：

公司所处阶段	赢利情况	参考退出价格
设立初期	未开始赢利	净资产或者公司的注册资本
成长期	开始初步赢利	总资产或者公司的注册资本
成熟期	稳步发展并赢利	总资产或者公司的估值金额
衰退期	营收急剧下降或亏损	净资产或者公司的注册资本

其次，合伙人的退出价格应该结合合伙人的退出方式来确定。合伙人的股权可以通过股东内部转让、向第三人进行转让或者减资的方式进行退出。若向第三人进行转让，则股权的转让价格通常由受让方和转让方自行确认。若通过原股东进行内部股权转让，则转让价格通常参照公司的资产金额或注册资本来确认。若通过减资的形式进行退出，则通常采用的是公司的注册资本或净资产的价格。

再次，合伙人的退出价格应当结合该名合伙人对公司的贡献程度来确定。对于对公司贡献度比较高的合伙人，实际控制人在回收股权的时候也应该鉴于该股东的贡献程度适当提高股权的收购价格或尽量参考公司同期融资的股权价格。若合伙人对公司没有贡献甚至有损公司利益，那么在双方有约定的情况下，一般可以通过公司注册资本金额或者较低的交易金额来回购股权。但如果未进行约定，则双方容易就该股权转让金额产生纠纷和异议。

　　最后，合伙人的退出价格还是应当符合公平、公正、合理、合法四大要求。

第四章　税收及涉外

初创企业的税收筹划

我们认为，在企业初始创业的时候，可以从以下三个方面来进行税务筹划：

一、选择合适的组织形式

1. 从所得税角度考虑。根据我国相关法律，对个人独资企业和合伙企业，目前暂不征收企业所得税，只征收个人所得税，但对公司制企业则征收企业所得税和个人所得税，故公司形式下企业会存在双重所得税。因此，从这个角度来看，采用合伙企业比公司制企业要好。

2. 从企业的发展角度考虑。对于合伙企业投资者的收益，无论是实际获得还是保留在合伙企业中，都应依法计缴个人所得税；而公司制企业投资者只在实际获取股息或红利时才缴纳个人所得税，因此采用公司制企业的形式具有递延纳税的作用。因此，从企业长期发展角度来看，采用公司制企业更好。

3. 从企业需要弥补亏损的角度考虑。初创企业的前几年通常因为资金投入较大、销售渠道尚未打开，所以较大概率存在需要弥补的亏损。对于公司制企业，财税法律规定，企业发生年度亏损可以用下一年度的所得来弥补，下一年度所得不足以弥补的还可以逐年弥补，弥补期限时间最长可以达到五年，但是对于个人独资企业和合伙企业却没有相关规定。因此，对于亏损和盈利波动较大的企业，采用公司制企业更可取。

4. 从股东承担风险的角度考虑。公司制企业的股东都采用有限责任制度，股东以认缴注册资本为限承担有限责任。合伙企业中，至少有一名合伙人需要承担无限连带责任。个人独资企业，通常也会需要个人来对企业承担无限责任。因此，从股东承担的风险来看，公司制企业更胜一筹。

二、选择合理的公司注册资本金额和设立规模

虽然 2018 年修订的《公司法》将注册资本改为认缴制度，导致很多企业都喜欢把注册资本金额定得很高，但是认缴并不代表着不用缴纳（2023 年修订的《公司法》自 2024 年 7 月 1 日施行后，认缴制度下的注册资本需要在五年之内完成实缴）。我们通常都会建议企业家根据企业筹备期六个月或一年的所有花费来设定合理的注册资本金额。同时，合理的注册资本金额和较小的设立规模，有助于初创企业享受更多的税收优惠政策。

比如，根据《企业所得税法》第二十八条规定，符合条件的小型微利企业，减按 20% 的税率征收企业所得税。那么，哪些企业属于小型微利企业呢？根据《财政部、税务总局关于进一步扩大小型微利企业所得税优惠政策范围的通知》（财税〔2018〕77 号）的规定，小型微利企业是指从事国家非限制和禁止行业，并符合下列条件的企业：（一）工业企业，年度应纳税所得额不超过 100 万元，从业人数不超过 100 人，资产总额

不超过 3000 万元；（二）其他企业，年度应纳税所得额不超过 100 万元，从业人数不超过 80 人，资产总额不超过 1000 万元。

三、选择合适的行业和设立地点

不同行业也会有不同的税收优惠政策，对于科创型和高新技术行业的企业，国家给予其研发费用加计扣除和所得税减免的税收优惠政策。近几年来，政府也通常会在开发区针对某些鼓励型行业设立统一园区或特色小镇，给予入驻企业更多的优待和税收优惠政策。因此，企业在设立的时候，也可以结合自己未来的发展方向，选择合适的行业和设立地点，以取得更多的税收优惠。

涉外企业创立的相关法律问题

随着中国的改革开放和经济发展，越来越多的外国企业和外国人来到我们国家创业。本节主要给大家讲解一下涉外企业创立中常见的一些法律问题。

一、涉外企业的主要类型

根据原有的《中外合资经营企业法》《中外合作经营企业法》的规定，外商投资企业的类型主要包括外商合资企业、中外合作经营企业、中外合资经营企业和外商独资企业。上述四种类型都属于外资企业，且按照 2020 年 1 月 1 日施行的《外商投资法》，上述四种类型不再单独核定，统称为外商投资企业。

二、涉外企业设立的报送手续

涉外企业的设立以及工商登记管理主要依照于《外商投资信息报告办法》，外国投资者在中国境内设立外商投资企业，应于办理外商投资企业设立登记时通过企业登记系统提交初始报告。外国投资者提交初始报告，应当报送企业基本信息、投资者及其实际控制人信息、投资交易信息等信息。市场监管部门应当及时将外国投资者、外商投资企业报送的上述投资信息推送至商务主管部门。

三、涉外企业的投资产业要求

对涉外企业投资产业的要求主要依据《外商投资产业指导

目录（2017年修订）》和《鼓励外商投资产业目录（2022年版）》，其中《鼓励外商投资产业目录（2022年版）》中包含十三大行业和519个细分领域。《外商投资产业指导目录（2017年修订）》中还附有《外商投资准入负面清单》，分为《限制外商投资产业目录》和《禁止外商投资产业目录》，其中限制外商投资产业主要是提出了中方的控股要求或合作方式的要求。《禁止外商投资产业目录》中对极少部分行业进行了禁入限制，主要为人文社会科学研究机构、广播电视节目制作经营公司、中国法律事务咨询、义务教育机构等。

《曹律师谈创业》结语 [1]

2018 年 7 月，浙江六律律师事务所为了响应国家"大众创业、万众创新"的号召，积极配合"打造最佳营商环境"，指派我负责主写、秘书李炎负责主编《曹律师谈创业》栏目。这个栏目最开始的名字叫作《创业不得不知的二十条法律知识》，这篇文章是二十期节目的结语。

2018 年是中国改革开放以来经济发展较为困难的一年。年初共享经济发展得红红火火，年末其中的一家独角兽企业"OFO"就面临着巨大困难，退押金的"共享人"已经排号到了 1100 多万。共享经济中曾经的最大赢家——滴滴打车，吞并了国内网约车先行者"快的打车"，赶跑了国外领先者"Uber"，却还是在顺风车和危机公关中连败两城，跌落神坛。而在这一年中跌落神坛的又何止滴滴？创业导师罗永浩、乐视生态圈的贾跃亭、白手起家的刘强东等，都在这一年遭遇事业的低谷。不仅仅是这些实体企业在 2018 年备受挫折，就连中国的金融圈在 2018 年也是一场"地雷战"。从年初的中美贸易战，到年中的 P2P 频频爆雷，再到年末的私募机构、上市公司频频逾期和爆仓，作为投资人不得不更加谨小慎微，深怕行差踏错，就坠入万丈深渊。

当然，我对中国未来的发展仍然抱有着美好的期许和希望。2018 年已经过去，新的 2019 年即将启程。最后我想对创业者

---

[1]　本文写于 2019 年 2 月。

说三句话：

一、创业要讲究"天时、地利、人和"

天时，是指经济周期的运行期。一般经济周期正常向上的阶段是比较适合创业的时期，因为这个阶段相对容易获得投资人的青睐，也相对容易进行产品的推广和销售。地利，是指创业所处的行业和位置。行业其实也分新兴行业、垄断行业、过剩行业等，一般而言，新兴行业是比较容易进行创业并取得成功的。位置一般是指企业可以选择的创办地点，这个一般要结合自己公司的具体情况进行规划。人和，就是指创业伙伴的齐心协力。我多次提及这个话题，并且建议创业伙伴尽早签署合伙协议，以法律形式维护和保障合作关系。

二、创业要有自己的特色和坚持

我曾经看过一篇关于"一加"手机的软文，虽然我之前没有用过这个品牌的手机，但是仍然被文中所描述的，创始人刘作虎为了做出一款完美的手机，而多次实验多次失败的故事所打动。在已经繁荣很久的手机行业，"锤子"手机失败了，"一加"却凭借着对产品极致的追求，最终获得了胜利。再比如海底捞，它在普通得不能再普通的餐饮行业，凭借着自己对客户无微不至、体贴入微的服务，而最终上市成功。

创业并不是一条简单的路，也不是一个大部分人都可以成功的选择。所以，如果您选择创业，那一定要有自己的独特之处和自己的拳头产品，只有这些才可以让你迅速地脱颖而出。

三、创业要有基本的风控意识和财务规划

我因为本身从事的是法律行业，所以很多时候会碰到一些让人非常惋惜的项目或者案例。随着中国法治进程的不断推进，企业家需要有良好的风险控制和刑事防范意识。就拿最简单的合同签约为例，如果是自然人签约，那么正规流程就需要在核对自然人身份证以后，进行自然人的签约并以红手印加盖骑缝章。如果是公司签约，那么需要有法定代表人进行签字并且加盖公章，如果是授权代表签字，那么需要取得相关的授权书。

除了法律风险的管理，财务规划也是企业发展中的重中之重。2019年1月1日起，修订后的《个人所得税法》开始施行，企业的社保也开始进行正规的缴纳和扣除。企业可以通过合理的股权架构、合法的减税政策，来降低自己的纳税负担。

最后，祝大家创业成功，事业一帆风顺！

中 篇

曹律师
谈守业

第五章　规章管理

搭建合适的公司组织架构

创业不易，守业更难。每个企业都有自己的生命周期，按经济学理论来说，企业的生命周期一般可以分为初创期、成长期、成熟期和衰退期。在《曹律师谈创业》一篇中，我为大家讲解了企业在初创期中常见的法律问题和纠纷。那么已经度过了创业艰难期的企业在成长期阶段又会碰到哪些法律问题呢？这是我在《曹律师谈守业》一篇中将为大家讲解的内容，包括企业的组织架构搭建、劳动人事制度规范、合同管理规范等。其中搭建合适的公司组织架构是公司守业中的第一步。

在创业阶段，公司人数往往不多，合伙人和创业者通常身兼多职，需要负责企业管理的方方面面。企业进入成长期阶段之后，创业者如果再继续事无巨细地对公司进行全面管理，就会大大浪费创业者的时间以及业务开拓精力，也不利于公司进行内部管理人才的培养和组织架构的搭建。那么企业应当如何搭建合适的组织架构呢？

一、根据公司的类型，组建合适的部门结构

企业的组织架构有多种类型，比如矩阵制、直线制、职能制、事业部制等。目前我国企业采用比较多的组织架构类型是直线－

职能制。在这种结构中，企业管理机构和人员可分为两类：一类是直线领导机构和人员，按命令统一原则对各级组织行使指挥权；另一类是职能机构和人员，按专业化原则，从事组织的各项职能管理工作。无论企业选择哪一种组织架构，都应该首先进行部门的明确划分，然后对人员进行职责的细化和规划，明确部门的管理职责，最后进行统一的整体安排。

二、根据组织架构，制定规范的公司管理制度

构建组织架构，就是将企业的创业者从初创期的事无巨细的管理工作之中解放出来，因此公司在搭建组织架构的过程中需要配套相应的管理制度进行优化，一般常用的公司管理制度包括财务管理制度、公章等证照使用制度、员工手册等。公司在制定这些管理制度的时候，不能对网上的模板进行照搬照抄，需要结合公司的组织架构形式、公司的业务类型、公司的员工分类等情况进行优化和调整，以期制定规范的管理制度，并在公司运营中进行有效执行。

三、对于重要的项目，仍然需要创业者进行把控

企业实际控制人的放手并不是松手，对于处在成长期甚至成熟期的企业，其重要项目、重大资金支出等事项，仍然需要由管理者进行审批和把控，尤其是财务和合同的管理中，对于超过一定金额的开支，除正规的财务审批流程以外，仍然需要公司最高管理者进行签字认可。对于比较重要的合同或者项目，仍然需要法定代表人进行审批和盖章。

制定合适的公司规章制度

根据美国《财富》杂志报道，美国中小企业平均寿命不到 7 年，大企业平均寿命不足 40 年。而在中国，中小企业的平均寿命仅 2.5 年，集团企业的平均寿命仅 7—8 年。虽然近年来，随着中国经济的不断发展，有数据显示，中国企业平均寿命达到了 4 年，但仍然没有超过 5 年。中小企业的寿命普遍短暂的原因，大部分在于企业的产品没有占据市场销售份额，企业管理人员缺乏经验，企业没有制定合适的公司战略。但是，企业在经营过程中没有注重法律风险的防范，陷入了法律纠纷和困难之中，也是导致很多企业最终失败的原因之一。本节我们来谈一下公司守业中的第二步：制定合适的公司规章制度。

"没有规矩，不成方圆"，公司进入一个正常的运营周期之后，就应当要制定符合公司管理、公司人员、公司产品的规章制度。很多中小企业会选择去网上下载其他公司的通用模板，的确，部分规章制度可以进行套用，但真正保障公司核心利益的制度是无法进行模仿的。本节我从三个方面讲一下公司需要在规章制度中进行保障的核心利益。

一、公司的用工标准以及考核要求

很多单位在聘请了员工之后，发现该名员工并不符合公司的要求或者不能胜任其所应聘的岗位职责，但是在辞退时却无从下手，甚至还存在可能被法院认定为非法辞退的情形。那么公司就无法根据员工的工作能力进行辞退吗？并不是的。

根据《劳动合同法》第三十九条和第四十条规定，在下述情况下，公司均具有解约权：

1.劳动者严重违反用人单位的规章制度的，用人单位可以解除劳动合同；劳动者在试用期间被证明不符合录用条件的，用人单位可以解除劳动合同。（适用该条款解除无须支付补偿金）

2.劳动者不能胜任工作，经过培训或者调整工作岗位，仍不能胜任工作的，用人单位提前三十日以书面形式通知劳动者本人或者额外支付劳动者一个月工资后，可以解除劳动合同。（适用该条款解除需要支付 n 的经济补偿金）

如何适用这些解约权，就需要企业制定自己的规章制度。比如在包含试用期的劳动合同中，明确约定岗位录用条件；比如在公司考核制度中，明确规定员工工作岗位要求和标准；比如在员工手册中，明确制定员工需要遵守的规章制度以及写明哪些情形属于严重违反的情况。只有在上述方面已经制定了规章制度的企业，才可以适用《劳动合同法》中的解约权，若企业没有制定规章制度，随意解约，则员工可以要求进行劳动仲裁或起诉公司违法解约要求进行赔偿。

二、公司的竞业禁止以及保密制度

随着智能设备的不断推广和普及，信息和文件的泄密越来越防不胜防，公司针对商业信息、保密信息、技术信息实施保密措施就越发重要，而和这些措施相匹配的两个制度就是竞业禁止制度和保密制度。

竞业禁止制度是指禁止员工在离职后的一段时间从事同行

业或同领域的相关工作。竞业禁止通常仅针对公司的高级管理人员、核心技术人员。很多企业以为和员工签订竞业禁止协议以后，员工就必须履行竞业禁止义务。但其实根据《劳动合同法》第二十三条规定，用人单位与劳动者约定竞业限制条款的，需要约定在解除或者终止劳动合同后，在竞业限制期限内按月给予劳动者经济补偿。因此，在实际操作过程中，若公司未向员工支付竞业限制补偿金的，则竞业禁止的约定因公司违约而无效。

保密制度是指公司在从事经营管理活动中，有权要求员工将公司不对外公开的信息资料以及内容进行保密的规章制度。保密制度可以适用于公司的全部员工，保守商业秘密也是员工的法定义务，所以公司并不需要向员工支付保密费。公司可以和核心岗位的员工签订保密协议，也可以制定保密制度，这样可以明确员工需要保密的范围，也可以明确约定发生损害后的计算方法和范围。

同时，公司可以在劳动合同或保密协议中约定因员工违反保密义务而导致公司损失的赔偿金额，因为泄密所导致的损失通常难以计算，若不进行约定则难以获得赔偿。

三、公司的防止商业贿赂以及其他侵害公司合法利益行为的制度

在《刑法》新增了有关商业贿赂的罪名之后，越来越多的大型企业在合同中增加了反商业贿赂条款，其实对于中小型企业，商业贿赂也是需要注意防范的重点法律问题。

　　商业贿赂通常指在交易过程中，公司员工接受合同相对方或者合作伙伴的任何形式的商业贿赂，比如赠送礼金、现金、支票、回扣、娱乐以及其他一切对员工物质上有直接受益的行为，以期获得公司商业利益的，均应当属于商业贿赂。随着我国法律体系越来越完善以及国际化合作趋势的不断扩大，防止商业贿赂不仅是法律的要求，也是对公司长远发展的考量。因此公司在制定规章制度的时候，也应当包含反商业贿赂条款，同时，公司也可以从自身情况出发，对其他有可能侵害公司合法利益的情况进行约定，约定中应当包含合法权益的定义、范围、保护措施以及赔偿标准和计算方式。

　　公司的规章制度一般包括员工手册、员工考核制度、绩效和薪酬管理制度、印章管理制度、财务管理制度等。公司在运营期间，需要重视规章制度的制定以及更新，并且需要将规章制度进行公示，方可有效。若有工会的单位，还需要将规章制度交由工会进行表决，通过表决之后方可执行。

如何管理和使用公司证照

公司证照的管理通常是指公司对营业执照、组织机构代码证、税务登记证、资质证、劳动执法合格证、社保登记证、个人职称证、岗位资格证等证件的管理。

证照的管理是公司日常管理中的重点问题，本节我们将从四个方面来给大家讲解公司证照的管理和使用问题。

一、证照的妥善保管

公司的证照原则上应当由档案部门进行集中保管，对于大部分证照，在使用过程中通常仅需要提供复印件或者扫描件。所以档案部门在收到证件之后，应当优先进行扫描，并至少留存一份清晰复印件。业务部门在日常业务工作中，可以直接使用复印件或者电子扫描件。

若公司人员有限，无法进行专人专职档案保管的，则公司针对证照使用至少应当建立证照使用规则，进行人员、事项的使用登记，并建立合适的审批制度。

二、证照的有效期管理

证照的有效期管理是证照管理工作中的核心问题，一旦证照过期，没有及时更换，或者在相关业务中提交了旧的证照，则会给业务造成非常大的损失。

开展证照的有效期管理时，可以借助表格来方便公司的管理流程。

同时，公司行政部门在进行证照管理的时候，建议采用Excel 表格形式，并且运用日期函数进行到期天数的计算。对于证照较多的单位，借助 Excel 进行证照管理非常高效并且方便。

三、证照的交接管理

证照的交接一般发生在证照管理人员岗位变动、证照新办和证照变更等环节。若证照管理人员发生变动，前后交接人员应当填写证照交接明细表，清楚记录交接证照时间、种类、数量、名称、正副本原件、交接人等信息，对于证照存在缺失、损毁、临期、过期等情况，应当进行特别备注，确保在工作中优先处理，保障证照的合法有效。

四、证照的使用风险

证照的使用过程中，一般不建议使用证照原件。大部分业务办理过程中，提交加盖公章的复印件即可。在使用复印件过程中，公司应当注意加盖"本复印件与原件一致""使用用途"和"有效期限"等内容。若需要使用电子扫描件的，公司应当进行加水印和备注处理，避免员工擅自使用或别有用心的人盗用。

公司公章、合同章以及财务章的区别和使用

公司在运营管理过程中，会用到很多的印章，比较常用的包括公司公章、合同章、财务章和法定代表人个人印章。如何辨别印章是否属于公司印章？其实很简单，凡冠以单位名称的专用印章都属于公司印章。那么本节内容将介绍公司中最常用的三种印章的概念和区别。

一、公司公章

公章是公司印章中的最高权力的象征，公司的所有文件中，除了特别约定要求法定代表人签字生效外，一般我们认为，只要加盖了公章，就代表了公司对这个文件的认可。

因此，公章的保管最为重要。《刑法》第二百八十条中规定的"伪造、变造、买卖国家机关公文、证件、印章罪""伪造公司、企业、事业单位、人民团体印章罪"和第三百七十五条中规定的"伪造、变造、买卖武装部队公文、证件、印章罪"都和印章使用有关，其中第二百八十条适用于大部分的企事业单位和公司等法人主体，第三百七十五条为特别适用于部队用章的情形。

二、公司合同章

公司合同章专门在对外签订合同时使用，也同样需要进行备案后方可使用。如果公司没有合同专用章，就应当使用公章。合同章是在日常使用中出现纠纷最多的印章。首先，部分政府

招标等重大项目中若认为公司加盖的合同章无效，会导致招标等重大事宜的失败；其次，合同专用章存在伪造、变造的情形较多，如果未经核查真伪就签署合同，可能导致签订的合同无法履行；再次，如果仅加盖合同章，公司后续认为该合同章并非公司意思表示，可能导致签订的合同无效。

因此，在对外签订合同时，如果对方公司使用的是合同章，公司可以先进行查询，可以在公安公开信息或工商系统文件中核对，如果有电子编码的，可以根据编码进行查询。其次，对于重要文件，尽量要求加盖公章，如果不能加盖公章的，那么要求法定代表人或者负责人签字认可效力，避免后续产生纠纷。

三、公司财务章

财务章通常是银行预留印鉴，一般与法人章一起用于办理公司会计核算和银行结算业务。在公司涉及财务事项时，需要加盖财务专用章。财务章由公司的财务部门进行保管。财务章若用于公司合同或其他文件中，一般认为存在无效或者效力待定的情形。

目前国内不具有使用支票的风气，通常业务在财务章使用后，还需要经过银行转账等电子交易程序，因此在国内的非票据业务中，财务章的法律风险较低。在国外的财务业务中，通常认为财务章就可以代表支票签章进行使用，具有较大的保管和法律风险。

四、用章管理制度

公司对于印章的使用应当制定严格的管理制度，防范因此可能出现的风险。公司的公章应当由专人进行保管，并进行公章使用登记。对于空白的文书、介绍信不能进行盖章，需要填写准确内容并经审核后方可盖章。对于公章携带外出的情形，一定要严加控制，非必要情形，不得携带外出，非外出不可，应当委派专人进行监督用印。

第六章 公司合同

如何与员工签订劳动合同（1）——劳动合同的类型和工作时间

公司在运营过程中最为常见的一个问题就是如何与员工签订合适的劳动合同。劳动合同的签订可以分为四个部分，本节首先为大家介绍有关劳动合同的基本类型和工时制度的问题。

一、劳动合同的类型

《劳动合同法》第十二条规定，劳动合同分为固定期限劳动合同、无固定期限劳动合同和以完成一定工作任务为期限的劳动合同。这三种劳动合同的主要情况如下：

类型	定义	主要适用情况	试用期	到期终止
固定期限劳动合同	用人单位与劳动者约定合同终止时间的劳动合同	绝大部分情况	可以约定	根据劳动合同时间约定

续　表

类型	定义	主要适用情况	试用期	到期终止
无固定期限劳动合同	用人单位与劳动者约定无确定终止时间的劳动合同	劳动者工作满十年、连续订立二次固定期限劳动合同、用工之日起满一年未签订书面劳动合同等情况	无	无终止时间
以完成一定工作任务为期限的劳动合同	用人单位与劳动者约定以某项任务的完成为合同期限的劳动合同	临时性、短期性需要用工；季节性工作；单项工作	无	根据劳动成果完成情况终止

　　在劳动合同的类型选择中，很多公司存在着一些误解。首先，对于"以完成一定工作任务为期限的劳动合同"，部分公司认为这批员工不属于固定员工，不需要支付经济补偿。但实际上，只要双方签订的是劳动合同，就存在劳动关系，根据《劳动合同法实施条例》第二十二条规定，以完成一定工作任务为期限的劳动合同因任务完成而终止的，用人单位应当依照劳动合同法第四十七条的规定向劳动者支付经济补偿。其次，部分 HR（人力资源，即人事）认为劳动者签订的劳动合同期限越短越好，但实际上，若劳动者和同一用人单位签订了两次劳动合同，那劳动合同就会自动变为无固定期限的劳动合同，所以普通员工建议首次劳动合同可以签订 2—3 年，对于核心岗位员工建议首

次劳动合同可以签订 3 年以上，这样 HR 有比较长的试用期可以对新聘用员工进行充分考察，也不会过快进入无固定期限阶段。再次，并不是全部员工都可以签订劳动合同，对于退休人员，公司应当签订退休返聘协议，对于兼职人员，公司应当签订兼职合同或非全日制劳动合同。最后，对于以完成一定工作任务为期限的服务，例如网站开发等技术成果的服务，相比于劳动合同，建议公司签订服务协议，这样更有利于保障公司的合法权利。

二、劳动合同中的工作时间

劳动合同中的工作时间分为标准工时制、不定时工时制和综合计算工时制。其中标准工时制是指每日工作 8 小时，每周工作 40 个小时的工作制度。在标准工时制下，存在工作日延长工作时间加班、休息日加班和法定休假日加班等情形。其中，规定日延长工作时间标准为每天最长不超过 3 小时，月延长工作时间标准为每月最长不超过 36 小时。具体的加班规定和待遇如下：

加班种类	加班工资待遇
工作日延长工作时间	在工作日延长工作时间的，按照不低于劳动者本人小时工资的百分之一百五十支付
休息日	在休息日工作，又不能在一个工资支付周期之内安排补休的，按照不低于劳动者本人日或者小时工资的百分之二百支付

续　表

加班种类	加班工资待遇
法定休假日	在法定休假日工作的，按照不低于劳动者本人日或者小时工资的百分之三百支付

在标准工时制以外，还有不定时工时制和综合计算工时制。

不定时工时制，是指因生产特点、工作特性的关系，无法按法定工时标准确定工时制，需要机动作业的行业或职工所实行的一种工作时间制度。目前法律规定的可以实行不定时工时制的职工主要有以下三类人员：

1. 企业中的高级管理人员、外勤人员、推销人员、部分值班人员和其他因工作无法按标准工作时间衡量的职工。

2. 企业中的长途运输人员、出租汽车司机和铁路、港口、仓库的部分装卸人员以及因工作性质特殊，需机动作业的职工。

3. 其他因生产特点、工作特殊需要或职责范围的关系，适合实行不定时工作制的职工。

采用不定时工时制的劳动者的工资由单位根据劳动者的实际工作时间和完成劳动定额情况计发。

综合计算工时制，是指因工作性质特殊或受季节及自然条件限制，需要安排职工连续作业，无法实行标准工时制度，实行的以周、月、季、年为周期综合计算工作时间的一种制度。综合计算的标准仍为每日8小时的标准工时制。根据法律规定可以实行综合计算工时制的职工有以下三类：

1. 交通、铁路、邮电、水运、航空、渔业等行业中因工作性质特殊，需连续作业的职工。

2.地质及资源勘探、建筑、制盐、制糖、旅游等受季节和自然条件限制的行业的部分职工。

3.其他适合实行综合计算工时制的职工。

综合计算工时制是从部分企业生产实际出发，允许实行的一种相对集中工作、集中休息的工作制度，为保证生产的正常进行和劳动者的合法权益，所以在综合计算周期内，某一具体工作日或工作周的实际工作时间可以超过8小时或40小时，但综合计算周期内的总体工作时间不应超过总体法定标准工作时间，超过部分应视为延长工作时间，并按《劳动法》及有关规定支付加班工资报酬。

如果企业选择采用综合计算工时制，可以以季度为单位对员工工作时间进行计算。劳动合同中的条文可以书写为"经甲、乙双方同意，甲方安排乙方的××工作岗位属于综合计算工时制，结算周期以季度为单位，双方依法执行综合计算工时制规定"。

企业需要注意，若采用不定时工时制或综合计算工时制，需要提前向劳动部门进行审批，未经审批，不可施行。

如何与员工签订劳动合同（2）——普通员工

劳动合同是每一个企业在经营过程中都会碰到的常见合同之一。本节将给大家介绍一下最常见的普通员工的劳动合同中的法律问题。

一、如何约定合适的试用期

《劳动合同法》第十九条规定，劳动合同期限三个月以上不满一年的，试用期不得超过一个月；劳动合同期限一年以上不满三年的，试用期不得超过二个月；三年以上固定期限和无固定期限的劳动合同，试用期不得超过六个月。

因此，用人单位在与劳动者签订劳动合同的时候，可以根据法律规定约定试用期，大部分普通员工的试用期都是二个月左右，所以公司所签订的大部分合同的年限为一年或者二年。

试用期是劳动合同当事人为了相互了解对方的情况而在劳动合同中约定的特定期限。用人单位在录用员工时仅对员工进行了初步审核，如学历、工作经历等审核，通过约定试用期的方式，可以让公司在试用期内对员工工作能力、工作经历、工作经验等多方面进行考察。如果员工在试用期内不符合录用条件的，那么用人单位可以根据《劳动合同法》第三十九条规定解除劳动合同，并且无须支付任何经济补偿金。

因此，用人单位在签订劳动合同的时候，可以有效合法地适用试用期条款。首先，需要根据员工的工作岗位并结合劳动用工时间约定合适的试用期；其次，需要在合同中约定试用期的考核要求；再次，应当根据正式工资的 80% 向员工发放试用期工资，且不得低于当地最低工资标准；最后，若员工在试用期内不符合录用条件的，需要及时通知员工并与其解除劳动关系，若员工非常优秀的，公司也可以提前终止试用期将员工转正。

二、劳动合同的管理和规范

对于刚刚起步的公司，通常员工比较少，没有设置专门的 HR 管理岗位，若以每个员工入职的年数为单位签订劳动合同，则会给公司增加很多工作，也会比较容易发生行政人员没有及时与员工续签劳动合同的法律问题。因此，企业需要注重对劳动合同的规范管理。

1. 劳动合同到期需要及时续签，否则可能面临双倍赔偿的问题

根据《劳动合同法》第八十二条规定，用人单位自用工之日起超过一个月不满一年未与劳动者订立书面劳动合同的，应当向劳动者每月支付二倍的工资。部分单位错误地以为这里的用工之日仅仅包括初次用工，虽然法律中未进行明确界定，但根据法院判例等司法解释，法院认为用人单位违反规定，不与劳动者签订书面劳动合同的情形，既包括自用工之日起满一个月未签订劳动合同的情形，也包括劳动合同期满后继续工作而未续签劳动合同的情形。在两种情形中，劳动者均有权要求单位支付双倍工资。

2.劳动合同签订不及时，可能面临被认定为已与员工签订无固定期限劳动合同的问题

根据《劳动合同法》第十四条规定，用人单位自用工之日起满一年不与劳动者订立书面劳动合同的，视为用人单位与劳动者已订立无固定期限劳动合同。如果劳动者和用人单位发生事实劳动关系，不论是首期用工产生的，还是后续用工产生的，超过一年未签订劳动合同的，均有可能被认定为已经订立无固定期限劳动合同。

那么用人单位有没有办法简化劳动合同的管理呢？其实也是有的。目前法律并没有要求劳动合同必须以整年度为劳动合同期限，因此公司可以适当统一劳动者的劳动合同期限，不论哪一个月份入职的员工，公司均可将到期时间约定至同一月份，这样将大大简化公司对劳动合同的管理和续签工作，也可以避免 HR 的遗漏。

三、公司在法律范围内可以约定的一些特殊条款

虽然大部分公司目前使用的劳动合同都是人社局编制的模板文件，但其实部分条款也是可以根据公司情况、员工类型来进行具体规定的。

1.增加不符合试用期条件的情形。模板中的情形只是普通情况，无法涵盖公司的具体要求，因此公司可以根据员工的岗位职责有针对性地增加试用期要求，例如，针对培训学校的老师，可以增加"员工在试用期内违反公司工作纪律，包括但不限于学生或学生家长对劳动者存在二次以上投诉或违反公司正常工

作安排等"。

2. 增加劳动纪律的有关条款。很多公司没有制定相应的公司规章制度，或制定的规章制度不符合法律规定，因此，公司对于员工严重违反劳动纪律的情形也可以写入劳动合同之中，例如"私自扣留、挪用或者侵占公司款项或者财物的；未经请假私自旷工超过三日的"等情形。对于严重违反劳动纪律的员工，用人单位有权辞退。

3. 增加信息提供制度。部分公司在员工个人信息变动后，并没有及时跟踪，后续若产生纠纷，会造成失联的情形。因此，公司在劳动合同中可以增加"若在本合同期限内，劳动者向用人单位提供的相关个人信息，包括但不限于本合同开头所载的乙方联系方式、通信地址、国籍等各项信息以及其他与劳动相关的信息发生任何变更，劳动者应及时通知公司人力资源部门，否则相关法律责任由劳动者自行承担"等类似条款。

通过实施以上劳动合同管理措施，可以有效提高行政部门的管理效率，降低劳动合同纠纷发生的概率。

如何与员工签订劳动合同（3）——高管员工

"21世纪什么最贵？人才！"每个企业中的灵魂人物是公司的实际控制人，而每个公司运作的核心就是公司的高级管理人员。根据我国法律的规定，高级管理人员也具有劳动者的身份，公司应当与其签订劳动合同。本节内容将介绍高级管理人员劳动合同的相关问题。

一、高级管理人员的聘任和解聘问题

我们首先应当了解高级管理人员的定义，根据《公司法》的规定，我国公司高管主要分为两类：一类是由股东会选举产生的董事、监事；另一类是由董事会聘任产生的经理、副经理、财务负责人以及公司章程规定的其他成员。从这个定义我们可以看到，高管的聘任不仅需要通过正常的人事招聘流程，还需要通过董事会或股东会的选举、聘任程序。大型公司在聘任高管的同时会召开公司董事会、股东会，并出具相关议案或者聘书。大多数中小型公司在聘任高管时并没有按照法律流程进行，因此我们在进行高管认定的时候，通常只以工商登记中的高管为准。曹律师在进行企业尽职调查法律工作时，发现高管登记存在两大问题：一是部分企业在前任高管离职后未办理工商变更；二是部分企业在现任高管任职后未进行更正登记。这种未及时办理工商登记的行为，极易产生法律风险，严重的会对个人和企业造成不良信用影响。

由于高管聘任的特殊性，所以高管的解聘也与普通员工不同。大部分普通员工在劳动合同到期后，若公司与其解除劳动合同，则代表双方解除劳动关系。而高管则存在其在任职期间因工作原因被解聘高管职位，但公司仍然同意保留其劳动关系的情形。

因此，公司在聘任和解聘高管的时候，需要重点关注以下问题：1.高管的聘任程序是否属于公司股东会、董事会的权限管理范围？是否符合公司章程规定？ 2.公司新聘任的高管是否符合法律规定？是否符合职务的法定要求？比如私募基金的高管需要具有基金从业资格证书。3.解聘高管的时候，高管的劳动关系是否跟随公司解聘其职位而同时进行解除？ 4.解聘董事、监事、经理等高管之后是否需要进行人员替换？若不进行替换是否会导致公司董事人数、高管任职资格不符合法律和公司章程规定的情况？

二、高级管理人员劳动合同的注意事项

1. 公司是否应当与高管签订劳动合同

部分学者认为，公司高管不属于普通劳动者，公司不需要与其签订劳动合同。我个人认为这种观点与目前我国法律的规定不符。对于公司股东仅在公司担任董事或者监事的情形，若不属于公司全职劳动者，则可以不与其签订劳动合同。但对于在公司进行全职工作的高管，无论其是否具有股东或者实际控制人的身份，只要其履行了日常管理工作职能，并且为企业创造了业绩，公司均应当与其签订劳动合同。当然，部分公司属于集团管理或具有国企性质的，则不在此限制。

高管与公司签订劳动合同，不仅保护了高管的劳动权利和获取报酬的权利，同时也可以避免产生企业需要支付双倍工资的法律风险。

2. 高管的劳动合同应当增加保密条款

高级管理人员在管理公司日常事务时通常都会接触到公司的商业秘密和重要信息，所以为了防止高级管理人员将商业秘密泄露给他人损害公司的利益，公司可以在劳动合同中增加保密条款，并且对违反保密条款时应承担的责任做好相应约定。

3. 高管的劳动合同应当增加竞业禁止条款或签订竞业限制协议

《劳动合同法》规定了用人单位可以和负有保密义务的公司高级管理人员签订竞业限制协议，以限制公司高管在劳动合同解除或终止后，到与公司有竞争关系的其他用人单位，或自己开业生产或经营同类产品、从事同类业务，以此来保护公司的利益。

4. 特殊情况下的解约权

高级管理人员与普通员工存在不同的属性，很多时候，部分高级管理人员在一定程度上代表着企业的形象，比如大家听到董明珠就会联想到格力电器，听到刘强东就会联想到京东。如果公司高管存在不符合相关劳动法律规范的行为，或违背公司高管忠实、勤勉的法定义务，抑或是被证明不满足录用条件，严重违纪、营私舞弊并给公司造成重大损害的，或因个人行为给公司造成严重不利影响的，公司应当有权解聘高管并同时解除劳动合同。

如何制定公司的模板合同（1）——销售合同

西方谚语有云："财富的一半来自合同。"由此可见合同文件在企业商事交往中的重要作用。大公司通常会聘请律师团队来制定全套的合同范本以及相应的管理规定，并且会定期开展合同实务培训。而对于中小企业来言，制定出一份高质量且符合公司实际情况的合同范本，则可以最有效、最迅速地提高企业管理水平，降低公司在合同方面的法律风险。本节主要为大家介绍销售合同的起草和制定。

一、明确销售合同类型，严控销售环节的法律风险

1. 初次合作的销售合同

初次合作的采购方和公司签订销售合同时，需要重点关注采购主体的资信情况，公司可以通过企查查、天眼查、国家企业信用信息公示系统等进行企业主体信息的查询，以获得采购方的基本信息。同时，初次合作的采购方，建议销售金额不宜过大，同时应当尽量采用一次性付款，或前置比例较高的付款方式，有助于公司控制销售环节的法律风险。

2. 经常性的销售合同

经常性的销售合同，通常指采购方和销售方已经建立了长期的合作关系，采购方长期以订单形式向销售方采购货物。这种情形中，双方往往会首先签署一份总体的销售合作协议或战略合作协议，约定有关产品销售的框架内容，而针对每一次具体订单，则通过邮件、传真等方式约定具体内容。对于长期合

作伙伴，公司在签订主合同的时候，需要综合考虑合作伙伴的付款能力、支付账期、产品备货情况等因素，同时也需要明确双方的主要权利和义务。后期操作过程中，对于实际的订单合同，双方需要明确对接人、对接方式，并且以双方方便、快捷、合法、合规为原则。

二、起草和研判销售合同的主要条款

每一份合同均需要根据实际的使用情况进行起草和研判，本节仅对其中部分重要条款进行概括分析。

1. 主体信息

销售合同的主体可以是自然人，也可以是法人。如果是自然人，应当填写联系地址、身份证号码，以辨别身份。如果是法人，建议增加法定代表人或者负责人姓名，以避免表见代理等情况。对于长期销售合同，还应当添加固定的联系人及其联系方式。

2. 产品质量问题

产品的质量一般可以分为三种情况：对于常规产品，一般以国家质量标准要求和法律法规要求为准；对于外销或者进口产品，除中国产品质量标准外，还需要添加实际销售地的产品质量要求和规定；对于定制产品或者多批次产品，一般以样品的质量或者第一批次产品的质量为准。

3. 货款金额

货款金额经常容易忽略的问题是税款的承担。在销售合同中，双方应当对税款承担、税款税率进行明确约定，以避免后期产生问题。

4. 产品交付以及储存问题

销售合同中应当约定产品的交付时间、交付地点、交付方式。如果前期没有明确约定，那后期极有可能出现变动。同时，产品在运输过程中或者发生延后发货的情况，都会出现储存问题，如果订购的是需要特殊储存、包装的产品，双方也应当在合同中明确相关约定。

三、对采购方情况进行定期核查

近年来，采购方无法按时、按约支付货款的情况时有发生，即使是长期合作的采购方，有时也会出现无法支付货款的情形。因此，建议公司建立定期核查机制，参考初期订立合作的客户归档要求，核查采购方的资信、涉诉、信用等情况，以保障公司销售回款的安全。

如何制定公司的模板合同（2）——采购合同

西方谚语有云："财富的一半来自合同。"由此可见合同文件在企业商事交往中的重要作用。本节将介绍如何起草和制定采购合同。

一、明确采购合同类型，严控采购环节的法律风险

1. 初次合作的采购合同

初次合作的供应商和公司签订采购合同的时候，需要重点关注供应商的资信情况，公司可以通过企查查、天眼查、国家企业信用信息公示系统等进行企业主体信息的查询，以获得供应商的基本信息。同时，初次合作的供应商，建议首次合作采用样品或者生产数量不宜过大。

2. 经常性的采购合同

经常性的采购合同，通常指采购方和销售方已经建立了长期的合作关系，采购方长期以订单形式向销售方采购货物。这种情形中，双方往往会首先签署一份总体的销售合作协议或战略合作协议，约定有关产品销售的框架内容，而针对每一次具体订单，则通过邮件、传真等方式约定具体内容。对于长期合作伙伴，公司在签订主合同的时候，需要综合考虑合作伙伴的付款能力、支付账期、产品备货情况等因素，同时也需要明确双方的主要权利和义务。后期操作过程中，对于实际的订单合同，双方需要明确对接人、对接方式，并且以双方方便、快捷、合法、合规为原则。

二、起草和研判采购合同的主要条款

每一份合同均需要根据实际的使用情况进行起草和研判，本节仅对其中部分重要条款进行概括分析。

1. 主体信息

采购合同的主体可以是自然人，也可以是法人。如果是自然人，应当填写联系地址、身份证号码，以辨别身份。如果是法人，建议增加法定代表人或者负责人姓名，以避免表见代理等情况。对于长期采购合同，还应当添加固定的联系人及其联系方式。

2. 产品质量问题

产品的质量一般可以分为三种情况：对于常规产品，一般以国家质量标准要求和法律法规要求为准；对于外销或者进口产品，除中国产品质量标准外，还要增加实际销售地的质量要求和规定；对于定制产品或多批次产品，一般以样品的质量或者第一批次产品的质量为准。

3. 货款金额以及支付问题

货款金额经常容易忽略的问题是税款的承担。在采购合同中，双方应当对税款承担、税款税率进行明确约定，以避免后期产生问题。对于货款的支付，首先，货款应当支付至销售方的公司账户，而非个人账户或其他账户，其次，对于分期付款的支付，需要合理约定每一期的支付条件和支付金额，再次，对于网络销售或者先销售后结算的合同，应当约定双方的核算时间，明确产品的数量计算依据（发货数量和订单数量可能不一致），并对后期可能产生的退款、退货等事宜预留一定的准备金额。

4. 产品交付以及储存问题

采购合同中应当约定产品的交付时间、交付地点、交付方式。如果前期没有明确约定，那后期极有可能出现变动。同时，产品在运输过程中或者发生延后发货的情况，都会出现储存问题，如果订购的是需要特殊储存、包装的产品，双方也应当在合同中明确相关约定。

三、对销售方情况进行定期核查

近年来，销售方无法按时、按约交付产品的情况时有发生，即使是长期合作的销售方，有时也会出现无法交付产品的情形。因此，建议公司建立定期核查机制，参考初期订立合作的客户归档要求，核查销售方的资信、涉诉、信用等情况，以保证公司所采购产品的顺利交付。

第七章　股权架构

如何掌握公司的控股权

公司的控制权至关重要，本节将通过讲解法律方面的股权控制的概念和方式，给大家介绍公司股权分配的基本思路。鉴于每个公司会有不同的情形以及不同的合作伙伴，所以本节内容仅供大家在设计股权架构之初进行参考。

一、持有多少股权的股东可以绝对控制公司

根据《公司法》第六十六条规定，股东会作出修改公司章程、增加或者减少注册资本的决议，以及公司合并、分立、解散或者变更公司形式的决议，应当经代表三分之二以上表决权的股东通过。

根据《公司法》第一百一十六条规定，股东会作出决议，应当经出席会议的股东所持表决权过半数通过。股东会作出修改公司章程、增加或者减少注册资本的决议，以及公司合并、分立、解散或者变更公司形式的决议，应当经出席会议的股东所持表决权的三分之二以上通过。

因此，从《公司法》的规定来看，持有公司三分之二以上股权的股东可以拥有决定公司全部议案的表决权，也可以绝对控制公司。所以，若公司创立伊始，创业股东不愁资金、不愁贡献，那么我们会建议其持有公司 67% 以上的股权。

二、持有多少股权的股东属于公司的控股股东

根据《公司法》第二百六十五条规定，控股股东，是指其出资额占有限责任公司资本总额超过百分之五十或者其持有的股份占股份有限公司股本总额超过百分之五十的股东；出资额或者持有股份的比例虽然低于百分之五十，但依其出资额或者持有的股份所享有的表决权已足以对股东会的决议产生重大影响的股东。

因此，从《公司法》的规定来看，持有公司超过 50% 股权的股东属于控股股东，因为其已经可以对公司的普通议案取得控制权，同时他也是公司最大的股东，对公司的股东会、董事会等决策机构都可以产生决定性的作用。

《公司法》中同时规定，如果该股东未持有超过 50% 的股权，但是其享有的表决权已足以对股东会的决议产生重大影响的，也属于控股股东。因此，如果股东所持有的股权未达到 50%，可以通过以下四种方式掌握控制权：

1. 公司股东采用约定表决权比例的方式进行表决

例如，公司中甲股东持有 40% 股权，乙股东持有 40% 股权，丙股东持有 20% 股权，三名股东通过公司章程进行约定：甲股东持有 60% 表决权，乙股东持有 30% 表决权，丙股东持有 10% 表决权。

在这种形式的约定下，公司中的甲股东即为公司控股股东。

2. 公司股东之间签订一致行动协议

例如，公司中甲股东持有 40% 股权，乙股东持有 40% 股权，丙股东持有 20% 股权，同时，甲与丙签订一致行动协议，则甲与丙可以共同控制 60% 的股权，成为公司的控股股东。

3. 采用 AB 股形式

众所周知，马云控制阿里巴巴就是采用 AB 股的形式，马云以及管理层所持有的股份所对应的投票权远高于投资人所持有股份所对应的投票权。阿里巴巴也因为这个特殊规定，所以当初无缘港交所，而远赴美国上市。

4. 采用控制董事派遣席位的方式进行控制

京东的实际控制人刘强东及其管理团队就通过控制董事会中董事派遣席位的方式实现对京东的控制权。普通公司也可以采用这种方式。例如，公司中甲股东持有 40% 股权，乙股东持有 40% 股权，丙股东持有 20% 股权。同时，公司设立董事会，董事人数三名，甲股东有权派遣两名董事，乙股东有权派遣一名董事。这种情况中，甲股东可以通过控制董事会从而控制公司。

三、持有多少股权的股东可以控制公司的重大议案

根据《公司法》第六十六条规定，股东会作出修改公司章程、增加或者减少注册资本的决议，以及公司合并、分立、解散或者变更公司形式的决议，应当经代表三分之二以上表决权的股东通过。

若一名股东的持股比例虽不到 50%，但是已经超过三分之一，即 33.33% 的时候，则该股东可以控制公司的重大议案。因

为若该股东不同意某议案，则该议案所获得的表决权无法超过三分之二，则无法获得通过。

股东在公司发展过程中势必会遇到需要稀释股权的情形，但是若股东可以保持 34% 以上的股权，则仍然可以对公司的重大议案享有控制权。

合作最需要的是股东之间互相的信任和齐心协力。若在合作之初，股东之间可以除了基于彼此人品、信任、出资之外，充分运用法律相关规定，合理安排控制权的掌握方式，则应当能够帮助公司走得更久、更远。

如何选择合适的公司股权架构 (1)

中小企业的寿命普遍短暂的原因，大部分在于企业的产品没有占据市场销售份额，企业管理人员缺乏经验，企业没有制定合适的公司战略等。但是，企业在经营过程中没有进行公司股权架构的搭建，最终导致公司陷入法律纠纷之中，也是很多企业最终失败的原因之一。

一、明确股权架构设计的目标

公司除了需要实现实际控制人对公司的控股权以及设计股权分配比例，还需要对公司的架构搭建、集团公司的组织架构等进行规划和设计。那么在做公司股权架构设计之前，我们需要明确公司进行设计的目标是什么。

一般公司进行股权架构设计的目标主要有以下三种：

1. 通过架构调整达到税收优化的目标。随着经济的发展以及企业效益的增加，越来越多的企业会产生合理节税的需求。而节税首先需要做的就是调整公司的股权架构以及股东的持股方式。不同主体持股，所需要缴纳的税收以及纳税比例是不一样的，注册在不同地区的公司，所享受的税收优惠政策也是不一样。所以公司可以通过股权架构调整，达到税收优化的目的。

2. 通过架构调整完成IPO（首次公开募股）申请的要求。很多企业都有上市计划，而企业在申报上市之前，所需要做的第一件事情就是股权架构调整，从而使公司的股权清晰、合法、完整。公司的股权在满足申报上市的初步要求后，可以进行股份制改造，即从有限责任公司改为股份有限公司，这也是 IPO 申请的第一步工作。

3. 通过架构调整完成股权的变动或者转让。企业在发展过程中，会出现股东需要转让股权、退出公司、股东之间不和以及种种因股权所产生的纠纷。有一些纠纷需要通过诉讼解决，但通常比较耗时耗力，而有一些纠纷可以通过股权架构调整来解决双方的矛盾。因此，股权架构调整还可以作为解决股权纠纷的方式之一。

二、保障控股公司、实际控制人对公司的控制权

大部分公司提起股权架构，首先考虑的就是公司控股股东的控制权问题。股东控制公司的方式一般有以下四种：

1. 通过股权持股的方式控制公司

最传统以及最稳妥的控制方式，就是控股股东持有公司 51% 以上的股权，如果能够持有 67% 以上的股权，那么控股股东还可以控制公司的全部重大议案。

2. 通过约定投票权的方式控制公司

随着公司发展，公司实际控制人的股权可能会被减少。若股东在公司发展初期以及中期的时候，持股比例不足 51%，但是达到了 30% 以上，我认为公司股东可以通过约定投票权或者一票否决权的方式，达到对公司实际控制的目的。例如，A 持有公司 45% 的股权，B 持有公司 30% 的股权，C 持有公司 25% 的股权，三方可以协商约定，在公司股东会投票时，A 持有的投票权为 60%，B 为 25%，C 为 15%。在这样的约定下，

A 就可以通过约定投票权的形式控制公司。

3. 通过 AB 股的方式控制公司

2021 年，拼多多的创始人黄铮宣布退出拼多多管理层，同时他也放弃了 10：1的超级投票权。随着公司的发展，若实际控制人的股权已不足 30％，则可以通过设计超级投票权的形式实现对公司的控制。但是这种设计需要在引入投资人之前就进行详细、全面、严谨的安排和约定。

4. 通过派遣董事的方式控制公司

公司的组织架构中，大部分议案均需要取得董事会同意，董事会同意之后，再提交股东会进行审议。因此，在日常的经营管理中，公司董事会可以控制大部分事项的决策权。因此，若公司的董事席位一半以上由某一名股东进行派遣，则该股东可以对公司实现控制。

如何选择合适的公司股权架构（2）

本节内容将介绍股权架构的类型以及股权架构设计中的常见误区。

一、股权架构的类型

股权架构的类型很多，但从股权的集中程度来区分，可以分为以下三种类型：

1. 高度集中的股权架构

高度集中的股权架构中，控股股东持有公司51%甚至67%以上的股权，其他股东所持有的股权较少。在采用高度集中的股权架构的公司中，控股股东方便进行公司的控制和管理工作，但是相对的，小股东的权利有可能就会无法保障。

在高度集中的股权架构中，我们需要防范控股股东滥用控制地位侵吞公司财产，中小股东的利益难以保护，股权流动能力弱，资本积聚能力弱等风险。

2. 适度集中的股权架构

适度集中的股权架构中，没有股东的持股比例超过51%，可能存在部分股东持有公司20%—40%左右股权的情况。在这种情况中，实际控制人如果要控制公司，可以通过约定投票权、约定董事会席位等方式确立自己的控股地位。

在适度集中的股权架构中，公司各股东互相制约，对公司不利事项不易发生，但股东的股权容易被稀释，且公司管理层压力较大。

3.高度分散的股权架构

公司没有股东持有 34% 以上的股权，且股东人数较多，比较分散。在这种情况中，实际控制人如果要控制公司，可以通过签署一致行动协议、约定一票否决权等方式保障自己的控制能力。

在高度分散的股权架构中，公司可能面临以下情况：企业缺少大股东，中小股东缺少对经营者的监督动力；企业容易被外部股东入侵；公司经营容易产生不稳定因素。

二、股权架构设计中的误区

股权架构需要根据每个公司的实际情况，并结合股东情况、行业背景进行一对一的设计，因此在本节中无法进行详细描述。但我会给大家讲一下在股权架构设计中通常会产生的一些误区。

1.公司股东的唯一性

很多公司在设立下属子公司的时候，通常会由母公司进行100% 的持股，以保障对子公司的绝对控制权。虽然持股 100% 可以达到绝对控股，但是在责任承担、债务承担等方面，该唯一的股东也可能会被要求承担连带赔偿责任。

因此，在公司进行子公司、集团架构设计时，我们会建议由不少于两名股东进行持股，其中母公司持有 67% 以上股权，其他股权由自然人股东（例如子公司负责人、高管）或法人股东（例如其他区域公司）进行持股。

2.公司股权的平均分形式

中国餐饮行业之前有一家准上市企业——真功夫，但后续因为内部股权纠纷引发股东斗争，导致企业放弃 IPO，主要负责人锒铛入狱。

真功夫之前的股权，就是两名股东各持有 50%，在这种情况下，一旦两名股东发生分歧，互相都无法说服对方，会严重影响企业的继续发展。

我在执业过程中，也碰到过创业团队要求按照四个人每个人 25% 或者三个人每个人 33.34% 进行股权分配的情况。在创业之初，建议公司明确主要控制人，由其持有 51% 以上的股权。若实在无法确认负责人的，则建议该部分股权作为动态股权，约定发放要求和履行方式，同时约定需要在创业初期完成动态股权的分配。很多时候，企业发展壮大之后，股权分配的问题才会显现，因此在初期就完成股权分配，有助于减少企业后续纠纷。

3. 未区分持股主体以及持股人员

曾经有个客户咨询过我如何将公司部分股权进行回购的问题。这个客户早年在杭州创业，有四五个早期员工作出了部分贡献，客户就让他们认购了约 30% 的股权，目前该公司需要传承给客户的儿子，同时部分员工已经退休或者离职，但是股权并未收回。而现在收回股权的过程中，就存在有些早期员工不配合办理手续以及不认可回购价格等情况。

公司在发展过程中会有不同的持股主体，一般可以分为实际控制人、创业伙伴（早期共同创业）、高管员工（股权激励）、投资人（投资进入）。针对不同的持股主体以及持股人员，其实公司以及实际控制人应当实行不同的股权认购方式以及安排不同的退出渠道。

　　若没有在最初认购股权的时候进行约定，在后续公司需要回购股权、股东需要退出公司的时候，都会容易产生股权纠纷，影响公司的发展和经营。

　　因此，公司在股权架构设计的时候，只有将以上容易产生的误区纳入考量范围，并且了解相应的股权架构类型，才可以更好地设计出符合公司自身需要的股权架构。

守业阶段公司的股权如何分配

在《曹律师谈创业》一篇中，我为大家介绍了创始股东之间的股权分配问题，本节内容将为大家介绍公司在守业阶段如何进行股权分配。

一、保障实际控制人的控制地位

在任何一个阶段，实际控制人掌握公司的控制权都是至关重要的。在初创阶段，控股股东往往可以持有公司 70% 以上的股权。而随着公司的不断发展，新的合伙人以及投资人的加入，控股股东的股权就可能面临稀释。如果控股股东的股权被稀释了，那么他可以通过一些方法来保障其控制权，具体方法包括：公司股东约定表决权比例；公司股东之间签订一致行动协议；采用 AB 股形式；控制董事派遣席位等。

二、选择合适的时间实行员工股权激励

公司在初创阶段，一般适合引入合伙人，不太适合实行员工股权激励。当然也会有例外，比如企业在进行二次创业或者高管进行子公司创业的时候，也是可以在初创阶段就开始实行员工股权激励的。初创阶段实行股权激励的好处在于，企业可以用最低的价格（一般是 1 元）给予共同创业的股东相应的股权。

公司进入发展阶段（或守业阶段）后，销售局面已经打开，公司能够达到基本的盈亏平衡或者略有盈余，公司正在面临需要不断稳定人才队伍以及继续扩张的局面。因此，公司在守业

阶段是比较适合实行员工股权激励的。

同时，公司在发展阶段也通常会引入相应的投资人，一般我们会建议企业在投资人以高溢价进入公司之前，优先划出相应的股权用于员工股权激励。这个阶段，企业可以按照比较合适的价格授予员工股权，若对员工存在业绩考核要求的，则可以通过期权的形式授予员工相应的期权。

若公司在投资人进入之后再授予员工股权，这时企业的股权激励价格一般需要与投资人认购价格相一致，这样就无法体现员工股权的激励性。若企业仍然以较低的价格进行股权激励，则企业后续申请 IPO 期间，这部分差额的股权价值 [（投资人股权价格－员工股权激励价格）× 员工股权激励总额] 会被认定为股份支付行为，对企业的净利润计算、纳税、IPO 申报均会造成不利影响。

三、引进符合公司发展阶段的合适投资人

公司在发展阶段是最适合引入投资人的。一般在初始阶段，企业的发展都是依靠股东以及企业自身投入，当然也会有一些天使投资人，但是天使投资人所能投资的项目毕竟只是创业红海中的"一粟"。

大部分投资人关注的企业都是处在发展阶段的企业。这个阶段的投资人可以初步分为三种类型：财务投资人、产业投资人、私募基金投资人。

财务投资人是以获利为目的，通过投资行为取得经济上的回报，在适当的时候进行套现的投资人。财务投资人更注重短

期的获利，一般会在投资时与企业约定相应的回购期限、年化投资回报率等内容。

产业投资人一般是针对自身的上下游企业或者相同或相关行业中具有一定发展潜力的企业进行投资的投资人。每个上市公司的产业投资公司或基金都是公司产业链版图的开拓者。很多时候，企业引入的产业投资人会给企业在所处行业的发展带来助力，帮助企业更好地发展。但是在引入产业投资人的时候，企业也需要注意关联交易以及供应商依赖、客户依赖等问题。因为产业投资人往往也是企业上下游的供应商或者客户，双方产生投资关系之后，更容易增加企业之间的交易金额，而大额的关联交易或者供应商依赖、客户依赖容易影响企业后续的发展计划或者 IPO 申请。

私募股权投资（PE）是指通过私募基金对非上市公司进行的权益性投资。在交易过程中，PE 会附带考虑将来的退出机制，即通过公司 IPO、兼并与收购或管理层回购等方式退出获利。简单地讲，PE 投资就是投资者寻找优秀的高成长性的未上市公司，注资其中，获得其一定比例的股份，推动公司发展、上市，此后通过转让股权获利。

员工股权激励如何实行

随着企业的不断发展，人才慢慢成为企业发展的第一动力。如何做好股权激励，成为很多企业负责人所思考的问题。实行股权激励的方法很多，而且根据企业所处行业不同、发展阶段不同，因此会有不同的设计方式。本节将为大家介绍股权激励的概念以及基本方式。

一、为什么要实行股权激励

股权激励的主要目的：一是为了吸引优秀的外部人才加入，稳定公司现有的人才发展队伍；二是给予公司高级管理人员、核心员工归属感和获得感。

二、什么阶段的企业适合实行股权激励

初创型的企业可以实行股权激励，这时候的激励价格最低，但是很多时候员工无法看到企业的发展前景，因此会缺乏认购的动力。若企业提出实行股权激励，但是认购效果不佳，则可能会适得其反。

发展型的企业比较适合实行股权激励，这时候公司的经营已经基本稳定，公司具有一定的发展前景，员工对公司的认同感和价值感也会显现，因此最适合进行股权激励。

成熟型的企业可以实行股权激励，但往往这时候的股权激励的价格较高，员工所能获得的收益相对有限，但是可以作为激励员工，给予优秀管理层补充薪酬的一种合理方式。

衰退型的企业较难实行股权激励，这时候企业已经处在衰退期，若企业后续可以重整或者转型成功，那么股权价值会有所体现，但大部分企业，一旦进入衰退期，后续发展动力不足，甚至有可能陷入破产、清算的境地。

三、哪些员工可以实行股权激励

可以实行股权激励的员工通常包括以下三种：

1. 公司的高级管理人员和核心员工

实行股权激励的员工主要是指企业的高级管理人员和核心员工，这些人员对企业的发展作出了巨大贡献，是公司实际控制人不可或缺的左膀右臂。公司的高级管理人员一般指公司的董事、监事、经理、财务总监、销售总监等管理人员，公司的核心技术人员一般指公司的技术总监、主要研发人员等。

2. 对公司忠诚的老员工

最近几年我所做的股权激励案例中，很多企业的实际控制人提出，希望可以给公司的老员工一定的股权，因为人才的忠诚度在现今浮躁的社会中显得难能可贵。因此，企业在实行股权激励的过程中，若适当给予公司的老员工，例如工作年限超过 8 年、10 年的员工一定量的股权，则可以为全体员工树立一个忠诚的典范。这些员工可能在公司并未担任重要职位，因此所能给予的激励股权并不多，但可以起到宣传企业文化的作用。

3. 公司新聘任的外部优秀人才

企业的发展需要不断有优秀人才加入，以推进企业不断地成长。优秀人才往往在其他公司也会担任一定的职位，甚至可能比现供职公司拿到更高的工资。那么，优秀人才加入新公司的原因：一是认同企业的发展规划；二是可以从新公司获得一定股权。因此，企业在聘任外部优秀人才的时候，可以通过股权激励的方式提高外部优秀人才后期的可预见收益。

四、企业应当选择股权、期权还是分红权

股权就是员工直接成为公司的股东，持有公司的股权。员工可以通过直接持股、有限公司持股、有限合伙企业持股等方式持有公司股权。大部分情况下，企业会选择通过有限合伙企业持股，并由实际控制人担任合伙企业的普通合伙人，其他员工担任合伙企业的有限合伙人。在这种情况下，实际控制人可以获得整个合伙企业所对应的投票权，员工可以获得相应股权的分红权。

期权是公司承诺在一定期限内或一定条件达成时，给予激励对象以约定价格购买一定数量的股权的权利。这种方式通常适用于引入外部优秀人才或者对公司业绩考核有所要求的情况。

分红权是指企业不给予员工股权，仅仅给予员工相应的分红权，即员工可以每年享受企业的分红，但并不能取得股权或股权所代表的其他权利。由分红权形式所延伸的激励方式包括虚拟股权、代持协议、分红方案等。

《曹律师谈守业》结语 [1]

2018 年 7 月，为了响应国家"大众创业、万众创新"的号召，积极配合"打造最佳营商环境"，我着手撰写了《曹律师谈创业》栏目。2020 年 8 月，我开始准备《曹律师谈守业》栏目，但因为疫情以及工作繁忙等原因，断断续续写了两年多时间。

企业在发展过程中会遇见很多问题，法律问题虽不是最重要的，但法律意识是不可或缺的。2020 年 2 月至今，全球都受到了疫情的严重影响，中国经济虽然已经开始复苏，但还是有很多行业、很多企业因疫情影响而一蹶不振。我的工作重心依然是为企业提供相关的法律服务，也非常有幸能为很多优秀的企业提供法律服务，但也为一些企业目前所处的困境而担忧。但我始终相信，中国会是第一个走出疫情影响的国家，中国企业也会在新一轮的转型升级中找到新的增长点，中国企业家在历经挫折后也会继续战斗，直到找到新的奋斗方向。

最后，我想为守业中的企业家送上三句话：

一、守业需要找对发展的方向

企业的发展不仅仅取决于企业自身，很多时候也会取决于企业的发展领域以及国家政策的动向。有时候，你选对了跑道，就可以让你事半功倍，有时候，你及时调整了发展方向，就可以帮你避免更多的损失。

---

[1] 本文写于 2022 年 11 月。

二、守业需要有舍才有得

守业阶段的企业会比创业阶段的企业发展得顺利，但往往也更加需要借助别人的一臂之力，这样才能走得更远、更好。这个一臂之力可能来自你的员工，也可能来自你的贵人（如投资人），还可能来自你的合作伙伴（如供应商、客户等）。因此，在企业守业过程中，释出一定的股权（如股权激励、投资人股权等）并不是一件坏事，反而可能会帮助你走得更稳、更快。

三、守业不一定一帆风顺，但总会柳暗花明又一村

守业阶段的企业也会遇到各种困难，可能是类似疫情的不可抗力，可能是合同风险所带来的法律纠纷，可能是政策调整所导致的行业变化，但企业的发展不在于一时，而在于坚持和勇气。坚持应当是对企业延续的信心，勇气应当是对企业及时调整，继续上路的决心。

最后祝大家守业成功，前程似锦！

下 篇

曹律师谈传业

第八章　企业传承特点

中国家族企业传承的主要特点

　　传承的话题自古有之，从历代王朝的更替到家族企业的接续，从财富的传承到家庭血脉的绵延，每一种传承都是中国人自古所关注的话题。从古代王朝来看，传承最久的当属周朝，从前 1046 年到前 256 年；从企业品牌的传承而言，那么最久的当属古井贡酒，从 1515 年（明正德十年的公兴槽坊）创办开始一直传承至今，已有 509 年历史，虽然企业的继承人已经多番更换，但古井贡酒的品牌一直延续至今。如果将国外的朝代和企业也纳入考察范围，那么传承最久的王朝是日本的菊花王朝，从前 660 年一直传承至今；传承最久的企业是日本的株式会社金刚组，从 578 年一直传承至今，历时已逾 1400 年。而对于普通人而言，最为重要的是血脉的绵延和家族的传承；对于企业家而言，最为重要的应该是家族企业的传承以及家族传人的培养。

　　从 20 世纪 70 年代开始改革开放至今，中国现代化企业的发展不足百年，因此，中国家族企业的传承具有明显的中国特点。

一、中国家族企业传承更为注重家文化以及内部接班人的传承

中华文化传承五千年，在中华文化体系中占据本体和主体位置的家文化深植在每一个中国人的心中。中国家族企业创始人在企业传承过程中也更为注重家族接班人的传承，相比于国外崇尚的职业经理人制度、所有权股权分离制度等，绝大多数中国企业家在传承过程中均选择了家族长子继承制度，由子女负责家族企业后续的经营管理，创始人将个人所持有的股权、资产等均转让给子女。

二、中国家族企业传承的时间较短，尚未形成明显的家族优势

近代的中国，多次遭到外强侵略，中华大地上烽烟四起，战火不断，能够传承百年的家族企业少之又少。以杭州地区的老字号品牌为例，胡庆余堂由红顶商人胡雪岩创立，但因为朝局变换，胡雪岩出售了全部资产以及胡庆余堂的股权，仅保留署名股，其子后续为送子女出国留学，也一并将署名股进行了出售。因此，截至今日，胡雪岩家族已不再持有胡庆余堂的任何股权。与之相似的还有张小泉剪刀、古井贡酒等著名品牌。

直至中华人民共和国成立，中国人才过上了安居乐业的生活。直至改革开放之后，民营经济才开始重新焕发生机。因此，若从1992年邓小平南方谈话起算，直至2024年，不过短短三十多年时间。企业的传承，目前仅仅从创一代进入到创二代接班阶段，还谈不上家族企业的百年传承。

大部分创一代企业家的子女出生于 20 世纪 80 年代期间，由于计划生育政策的影响，大都为家庭的独生子女。龙生九子，各有不同。因为独生子女政策的影响，大部分中国企业家对于传承人的选择有限，但也可以避免多子女家庭所产生的纷争和不公。以人体的个性和差异去看，大部分的创一代企业家具备了天时、地利、人和的绝对优势，且绝大多数是同龄人中的佼佼者，但其子女未必可以遗传其父母的智慧和能力，因此，企业家需要尽早地开始继承人的培养和教育工作，更需要重视家族文化的传承工作。

三、共同富裕背景下的中国家族企业传承

在共同富裕背景下，中国家族企业的传承应当更加注重公平和均衡分配。首先，对于家族企业传承而言，在"先富带动后富"的背景下，针对家庭财产的传承以及与家族企业传承相关的配套政策会逐步落地，迟迟未推出的房地产税以及遗产税也会逐步实施。其次，企业在传承中应当提前进行财富规划，树立家族管理和传承模式，以便实现财富的平稳传承。最后，企业助力国家共同富裕也是一种全新的传承模式。家族企业通过设立家族慈善基金或者进行慈善捐赠，可以让企业享受一定的税收优惠政策，也可以让企业资产的价值得到升华，使家族精神得以永恒流传。

第九章　企业传承的故事

李锦记：守正与创新 [1]

令人遗憾的是，目前中国内地几乎没有传承百年的企业（仅指实际控制人未进行更换的企业），甚至连传承五十年以上的

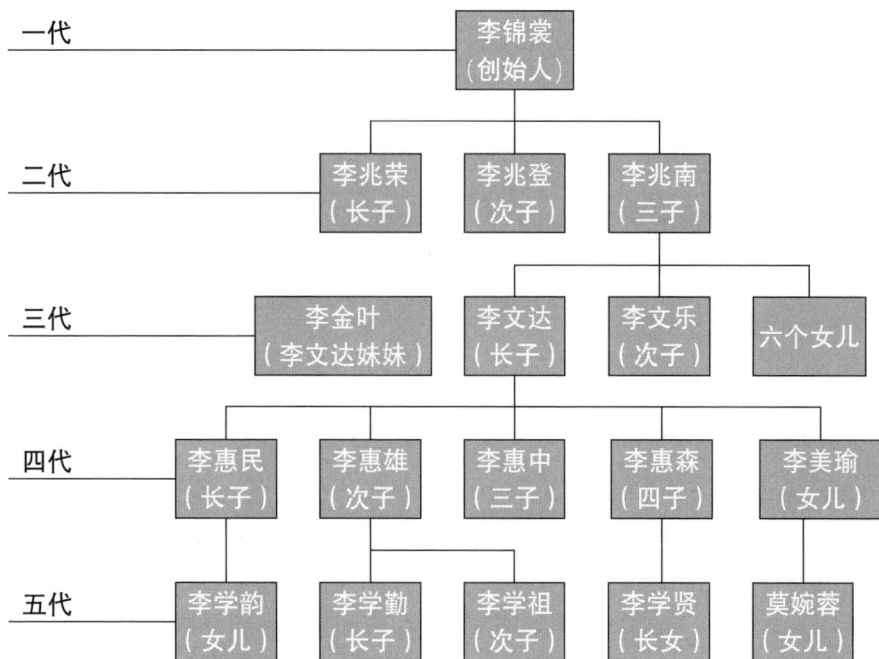

图 9-1　李锦记家族世系图

[1]　本文部分内容参考由邹广文主编，清华大学出版社于 2009 年出版的图书《民族企业品牌之路——李锦记集团发展历程分析》。

企业都为数不多。如果将香港地区也纳入考察范围的话，那么李锦记的五代传承可以说是一个奇迹。回顾李锦记的发展历程，其虽多次经历企业主营业务的调整和更换、继承人的分家与决裂，但仍然延续至今。如果一定要究其根源，则李锦记的传承很好地反映了中国企业传承的一个主要特征——守正与创新。

19 世纪 80 年代，李锦记的首代创始人李锦裳从虾酱和酱油中提炼出了蚝油产品，传承至第五代家族接班人，李锦记的蚝油仍然是企业众多产品中的主打产品。虽然在企业发展过程中，李锦记的家族多次跨界进行了多元发展，这些发展有成功也有失败，但始终没有忘记创办企业的初心和最开始发家致富的产品——李锦记蚝油，所以守正是李锦记这一家族企业传承的第一要素。

李锦记在发展的一百多年时间里，将蚝油以及后续生产的鸡精、酱料等传统加工食品销往了全球，这是企业的发展和创新。在这一百多年时间里，李锦记虽多次经历家族继承人的斗争和调整，但始终未有上市计划，始终将家族利益置于发展首位，这是企业的坚持和守正。

从 1888 年创立至今，跨越 136 年，历经五代人的努力，李锦记创造了百年品牌的辉煌。企业传承的起点是守正，延续企业创立的产品和精神，并不以食品加工产品为累赘，而是始终坚守在食品加工行业，继续延伸和扩展加工的酱料食品，并以此作为企业发展的基石。企业传承的延续是创新，李锦记在发展过程中多次面临兄弟不和、经营难关等，在第二代传承过程中，两名继承人多次发生股权纠纷，企业传承也未按照创始人原来的预想进行，最终以第三子李兆南收购二哥的股权结束了多年纷争。李兆南在收回股权后，继续坚守食品加工产业，做大做强李锦记的蚝油产品，并将其发扬光大，很好地完成了企业使命的继承。在第三代传承过程中，企业因立足海外发展还是立足香港本土发展的问题再次在继承人中产生多次纠纷，第三代传承人李文达最终也是以股权收购的形式结束了多年纷争。李文达在完成股权收购后，李锦记又一次迎来新的增长并延续至今。

所以，在光鲜的五代传承的背后，李锦记的发展也并非一帆风顺。任何一家企业的传承都无可避免地会面临矛盾和纷争，在产生纠纷时如何用创新的思维解决企业传承的难题，应该是每一位企业家值得思考的问题。

创新应当是企业传承模式和方式的推陈出新，也是使企业不断向前发展的关键手段。守正应当是企业经营的坚守和产业的深耕细作，也是使企业稳定经营的核心竞争力。

方太集团: 相信与支持 [1]

在中国企业传承的案例中, 方太集团父子之间的传承无疑是成功而且值得众多企业家学习的。早在 1995 年, 茅理翔先生就与儿子茅忠群在宁波飞翔集团有限公司的基础上共同进行二次创业, 一起创办了方太集团, 并且通过 "三三制" 的模式 (带三年、帮三年、看三年) 很好地完成了家族企业的传承与转型。2009 年 2 月, 茅理翔先生将其持有的宁波飞翔集团有限公司 (宁波方太厨具有限公司的控股股东, 持有方太厨具 80.84% 的股权) 40% 的股权全部转让给茅忠群先生, 不再持有宁波飞翔集团有限公司和宁波方太厨具有限公司的股权。方太集团传承完成之后, 茅理翔先生功成身退, 继而创办了宁波家业长青民企接班人专修学校, 专注于研究和教授家族企业的传承之道。方太家族企业的传承模式也成为北大、清华、中欧商学院等国内知名院校在教学时所引用的经典案例。

茅理翔先生, 1941 年出生于浙江宁波, 在创业之前, 曾在供销社做过 10 年会计和 10 年供销员, 45 岁时接手了慈溪无线电厂, 并在之后改制为方太集团的前身——飞翔集团, 飞翔集团以点火枪产品闻名于世, 曾占有中国点火枪市场 90% 的份额, 茅理翔先生也被誉为 "点火枪大王"。

在多篇茅理翔先生的采访文章中都提到, 其在企业经营过

[1] 本文部分内容参考微信公众号 "家业长青学校" (系方太集团创始人茅理翔先生创办) 中有关方太集团创始人以及方太集团创建历程的介绍文章。笔者曾于 2024 年 5 月参加家业长青学校举办的活动并亲自拜访茅理翔先生。

程中曾遇到过三次重大挫折，均是其家人的支持给了他继续创业和坚持的动力，并最终带领企业一次次走向成功。方太集团的二代接班人茅忠群就是在企业遇到第三次重大转折时加入家族企业的，因为当时虽然飞翔集团的点火枪业务占有市场比例很高，但产品的利润却因为市场恶性竞争而急速下滑，企业正面临着转型升级和持续发展的难关。于是在1995年，茅理翔喊来了本准备赴美读博的儿子茅忠群，希望他加入家族企业。茅忠群选择加入企业后并没有马上开始转型，而是在进行市场调研半年之后，才给出了转型的方案，他的方案是建议飞翔集团放弃点火枪产品，进军油烟机市场，同时建议企业改名为方太集团。

在这个转型的过程中，我注意到了两个不寻常的插曲。一是本来慈溪政府建议飞翔集团进军微波炉行业，父亲茅理翔也更倾向于这个方案，因为相比于油烟机，微波炉的技术水平更高，而且竞争对手相对较少，但是最终父亲还是接受了儿子的建议。大部分企业家是不太愿意接受他人尤其是后辈提出的建议的，但茅理翔却在看到市场调研报告之后，放弃了自身的想法，支持了儿子的建议。第二个插曲就是企业改名，在企业决定进军油烟机市场之后，茅理翔本意是希望继续沿用飞翔品牌，而茅忠群却希望采用方太品牌，他认为该品牌名更具有亲和力，更能够获得家庭主妇的喜欢。对于一家企业而言，企业名称是企业的门面，当时飞翔品牌已经有一定的市场影响力，而且已经陪伴茅理翔多年，应该是比较难以割舍的。但最终，茅理翔先生还是支持了儿子的决定，同意放弃飞翔品牌，采用方太品牌生产油烟机。

虽然现在回过头来看,方太的确比飞翔更适合作为油烟机的品牌名称,油烟机也可以比微波炉更加适合研发出符合中国人需求的产品,因为对微波炉的使用国内外基本一致,但油烟机因为中国人重油重盐的炒菜方式,而需要更注重排烟以及身体健康的产品,也更容易让中国企业的产品在外资品牌竞争激烈的小家电市场突出重围。但是在当时的场景之下,一位已经经营企业十余年的 55 岁创一代愿意接受一位初出象牙塔的 27 岁创二代的建议,是难能可贵的。

我们也可以通过企查查的工商股权登记系统查询到,创始人茅理翔目前已经完成了全部股权转让,不再持有任何方太集团的股权。方太集团在接班人传承十年之后,完成了经营权、股权、管理权的三重权力交接,这与其他很多企业家在传承之后仍然掌控企业管理权和控制权,甚至仍然握有公司绝大部分股权的情况是截然不同的。

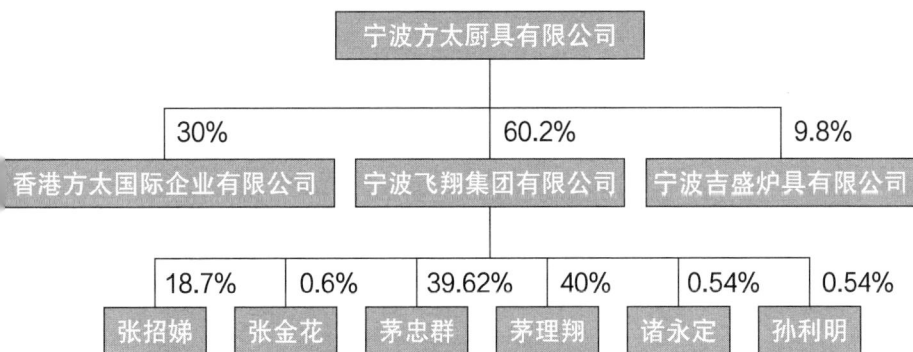

图 9-2 传承转让前方太集团股权结构图

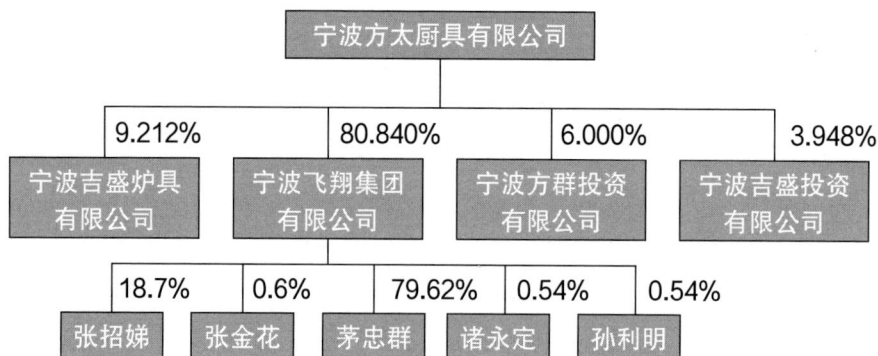

图 9-3　传承转让后方太集团股权结构图 [1]

在方太企业的传承过程中，我们可以看到创一代茅理翔先生对其儿子茅忠群的支持和信任，他相信儿子的创业理念，同意放弃已经经营多年的品牌，并一心支持他开创方太油烟机品牌和市场。我们也可以看到，创一代茅理翔先生的豁达和放手，他在传承完成之后，将股权全部转让，自己则功成身退。

企业传承过程中，不仅需要创二代的努力和学习，也需要创一代的放手和支持。在很多讲述方太集团传承的文章中，都提到了茅理翔先生的管理模式和儒家文化，这些无疑是其家族传承过程中的闪光点，但同样的，创一代对创二代的相信和支持也是不可或缺的。如果时光倒流到 1995 年，茅理翔先生没有听从儿子的建议，而是坚持以飞翔品牌经营微波炉产品，那也许今天就不会有市值百亿的方太集团了。

所以，企业家在选好接班人之后，对接班人的相信和支持尤为重要。企业家在完成传帮带之后，将企业管理权大胆和彻底地交给接班人也是难能可贵的。

---

[1]　本图为截至 2023 年 4 月 13 日，企查查所查询到的持股比例情况。

美的集团：信任与创新——职业经理人的辉煌 [1]

创业、守业和传业，是企业发展中的三个阶段，在创业和守业阶段，一般均以创始人或者创始人家族对企业的经营管理为主。但是在传业阶段，除了家族血亲继承外，将企业托付给值得信赖的职业经理人也是传业的方式之一。

1968 年，美的集团创始人何享健先生带领 23 名广东顺德北滘镇居民，集资 5000 元创办了"北滘街办塑料生产组"，生产塑料瓶和玻璃瓶。1980 年，美的开始生产风扇产品，进军家电行业。1984 年，美的成立空调筹备组，进军空调市场。1992 年，美的进行股份制改革。1993 年，美的电器在深交所上市成功，是中国第一家由乡镇企业改组上市成功的公司。上市之后，美的迎来了快速发展阶段，成为白色家电的领军企业。

方洪波先生，1992 年加入美的集团，在担任美的董事长之前，先后担任总裁办秘书、美的市场部部长、美的空调事业部总经理、美的制冷家电集团 CEO 等职务，是何享健先生的左膀右臂，非常熟悉和了解美的集团的管理模式和经营理念。相比而言，何先生独子何剑锋之前并未全面参与美的集团的建设和经营。2012 年 8 月 26 日，何享健先生宣布从美的集团退出，其并没有将董事长职位交给独子何剑锋，而是交给了方洪波先生，方先生从 2012 年担任董事长至今，再度带领美的集团发展创新，美的净利润从 2012 年的 32.59 亿元增长到 2022 年的 295.54 亿

---

[1]　本文部分内容参考 2019 年中央电视台财经频道录制的《对话》节目中对何享健先生的采访视频。

元，实现了九倍的盈利飞跃。这可以说是一次非常成功的接班。

回到十多年前，何享健先生选择职业经理人作为接班人的确是具有大智慧的。虽然我们无法知道何先生的真实想法，但是我想可能会有以下三个原因：

一是何享健先生育儿有方。三名子女都可以独当一面，开创属于他们自己的事业。以独子何剑锋而言，其于1994年创立现代实业公司，后经过多次创业以及合并，更名为盈峰集团。盈峰集团旗下产业布局环境、文化、投资、科技、消费五大领域，拥有上市公司"盈峰环境"（股票代码000967）、"百纳千成"（股票代码300291），以及盈峰环境、盈峰中联、上专股份、百纳千成（原华录百纳）、Pmore、华艺国际、摩米童装等一系列国内外知名品牌。

二是何享健先生懂得识人和放权。何先生在多次采访中都谈及美的的人才招募制度，非常重视青年人才的培养和储备工作。同时，我们从美的的股权变更中也可以看到公司从20世纪90年代即开始实施高管股权激励制度，让高级管理人员成为公司股东，以便他们更好地帮助企业创造效益。美的曾在1997年、1998年遭遇业绩下滑危机，何先生以事业部为基础进行了分权制改革，并且首创了股东会、董事会、经营团队"三权分立"的经营模式，该模式也为后续职业经理人的接班打下了良好的传承基础。

三是传承并不在于一时。何享健先生将董事长职位交给了方洪波先生，由方先生带领美的继续发展和经营。但同时，何先生家族仍然是美的集团的控股股东，持有其30.98%的股权（对于上市企业而言，该股权比例已经足以控制公司）。方洪波先生出生于 1967 年，今年已 57 岁，在方先生退休之后，美的集团的最高管理人是否会重新由家族人员担任也未可知。家族企业以及家族财富的传承并不在于一时，能延续百年方为成功。若企业实际控制人的家族一时没有合适的接班人，选择职业经理人进行一段时间的传承也是一种延续的方式。

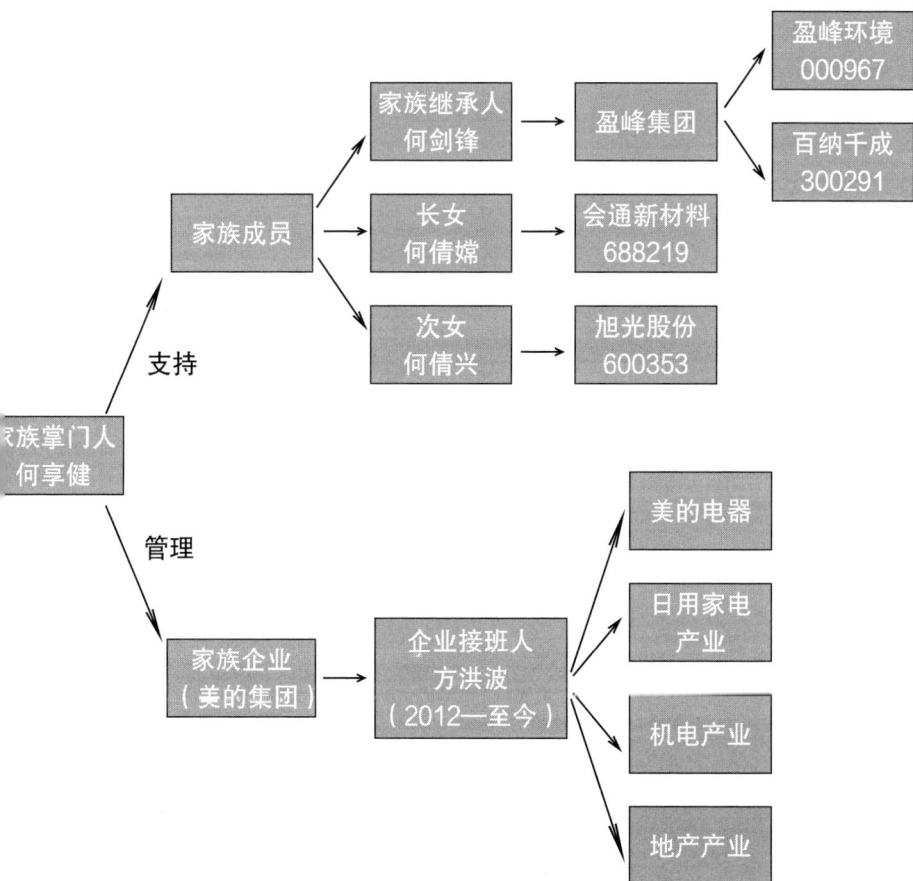

图 9-4　何氏家族产业分布图

2019 年，中央电视台财经频道的《对话》节目曾采访过方洪波先生，方先生说："企业传承有很多种形式，但是没有好坏之分。当时美的创始人何享健先生，他显然具有大智慧，他选择了一条与别人不同的路径，就是没有实行家族内的传承，而是选择了家族外给经理人的这样一种传承，所以他的传承不仅仅传承了企业，更重要的是这样一种企业家精神和价值观的传承，然后还有先进的企业治理理念。我们今天回过头去看欧美、日韩很多企业，那些伟大的企业经历过不同经济周期、不同市场周期生存发展下来，最终它都是有非常先进的企业治理结构的。那么今天企业交到我们这一代人手上，我们也要把这种先进的治理体系传承下去，发扬光大。"

当企业进入到一个新的高度，企业家进行传业的时候，不仅需要能够将财富传承给后代，也需要将企业托付给合适的管理者。有时候，企业不仅仅是财富的象征，也是企业家精神的凝聚，更是一份创始人对接班人的嘱托。

长江实业：李嘉诚的均分天下 [1]

　　李嘉诚先生于 1928 年出生于潮州潮安，幼年因战乱而辍学，逃难到香港。虽然李嘉诚将大部分时间都用于工作，但他仍然保持了不断学习的良好习惯。1950 年，李嘉诚在舅舅庄静庵的支持下开办了长江塑胶厂，主要生产塑料花、玩具等产品，长江塑胶厂一度成为世界上最大的塑料花厂家之一。1960 年，李嘉诚看好香港城市发展，开始进军地产行业，并于 1972 年以长江实业上市。1979 年，李嘉诚带领团队成功收购和记黄埔，成为香港华人入主外资大集团第一人，并带领公司参与全球化发展，业务遍布 50 多个国家和地区，员工逾 30 万人。2018 年，李嘉诚先生宣布卸任长江实业集团主席职位，专注于李嘉诚基金会的相关工作。

　　李嘉诚先生婚姻简单，妻子庄月明已于 1990 年去世，两个儿子分别为李泽钜和李泽楷。妻子去世后，李嘉诚先生并未再婚，也未听说有其他子女，所以也没有赌王家族的"四房争产"的狗血剧情。同时，两个儿子在培养时各有侧重，在财产分配上也采用了不同形式。其长子李泽钜性格沉稳低调，一直听从父亲安排在长江实业工作和发展，也是家族企业管理者最合适的接班人。次子李泽楷敢闯敢拼，独具商业慧眼，曾经是腾讯早期投资者，但因缺乏耐心而与千亿财富失之交臂。

　　李嘉诚先生很早就开始为财富传承进行筹备，他设立了多

[1] 本文部分内容参考李嘉诚基金会网站（https://www.lksf.org）上的介绍文章。

个家族信托，分别持有旗下公司的股份，并为每个信托基金指定了受益人。以长江实业为例，公司的主要股东即为李氏家族信托。

李先生在设计信托的时候，将经营权和财产权进行分离，把李氏家族的核心企业长江实业与和记黄埔的经营权转让给长子李泽钜，次子李泽楷仅通过信托享有相应的收益权。同时，李嘉诚也在采访中表示，大儿子继承的是事业，小儿子拿到的是现金，二者的价值相当。同时，李嘉诚也给"第三个儿子"预留了三分之一的资产。

读者可能觉得奇怪，李先生不是只有两个儿子吗？那"第三个儿子"是谁？"第三个儿子"其实就是李嘉诚基金会。

自1980年以来，李嘉诚先生为推动教育、医疗、公益扶贫项目已捐资逾300亿港元（数据来源于李嘉诚基金会网站信息）。

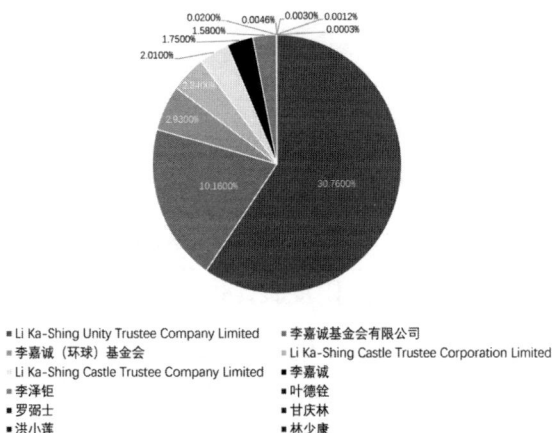

图9-5　长江实业集团有限公司股权结构图[1]

---

[1]　本图为截至2023年5月5日，企查查所查询到的持股比例情况。

虽然中国内地对李先生的评价褒贬不一，但其对于社会的大爱是值得所有人尊敬和学习的。这个"第三个儿子"在李氏家族信托的支持下，通过公益资金投入，已经守护逾 1700 万患者，支持逾 17 万汕头大学学生，帮助逾 1.2 亿名中小学生进行数码学习。

范氏义庄：中国最早的家族信托 [1]

"不以物喜，不以己悲。居庙堂之高则忧其民，处江湖之远则忧其君。是进亦忧，退亦忧。然则何时而乐耶？其必曰'先天下之忧而忧，后天下之乐而乐'乎！"这段话出自范仲淹的《岳阳楼记》，其意思是说为官者应把国家、民族的利益摆在首位，为国家的前途、命运焦心劳思，为天底下人民的幸福殚精竭虑。

范仲淹是北宋时期杰出的政治家、文学家，其文武兼备、智谋过人，文能作诗立传，武能领兵戍边，是不可多得的人才，世称范文正公。范仲淹育儿有方，其有四子，均出人头地，其二子范纯仁，官至宰相，人称布衣宰相，其三子范纯礼，官至尚书，沉毅忠直，刚正不阿，是北宋名臣。

范仲淹的童年生活并不幸福，其幼年丧父，母亲改嫁他人，其也改名为"朱说"。成年之后，范仲淹得知自己的身世后，发愤图强，寒窗苦读多年后最终考中进士。入仕之后，范仲淹归宗复姓，改为原名。因为其幼年生活孤苦无依，并且不受族人所重视，晚年的范仲淹决定改善家族中孤儿寡母以及贫穷宗族的生活，为此他创立了范氏义庄。

范氏义庄创立于北宋皇祐二年（1050），范仲淹以其积蓄在苏州吴县购置田地 1000 余亩，并将土地的所有权归属于义庄所有，义庄每年的田地租金收入用于资助范氏宗族中生活困难的族人，是中国乃至世界上最早期的家族慈善信托之一。范氏

---

[1]　本文部分内容参考由程应镠著，长江文艺出版社于 2024 年出版的图书《范仲淹传》。

义庄虽然历经战乱以及朝代更迭，但一直运行良好，直至民国时期，其历史长达八百多年。

　　大多数人认为，信托以及慈善基金是海外舶来品，但其实范氏义庄的创始时间和历史比海外信托更为悠久。首先，范氏义庄以范仲淹购买的 1000 亩良田作为财产基础，这与现代信托中的资产基础类似；其次，上述田地的所有权由范仲淹移交给义庄管理，这与现代信托中资产转入信托之中基本相同；再次，范氏义庄的土地只动息不动本，每年分配的资金主要来源于土地租金收入，因此只要土地所有权在，那么义庄的运营就可以在土地租金收入的基础上持续进行，达到财产传承的目的；最后，范氏义庄设立的目的在于帮助家族中生活困难的族人，

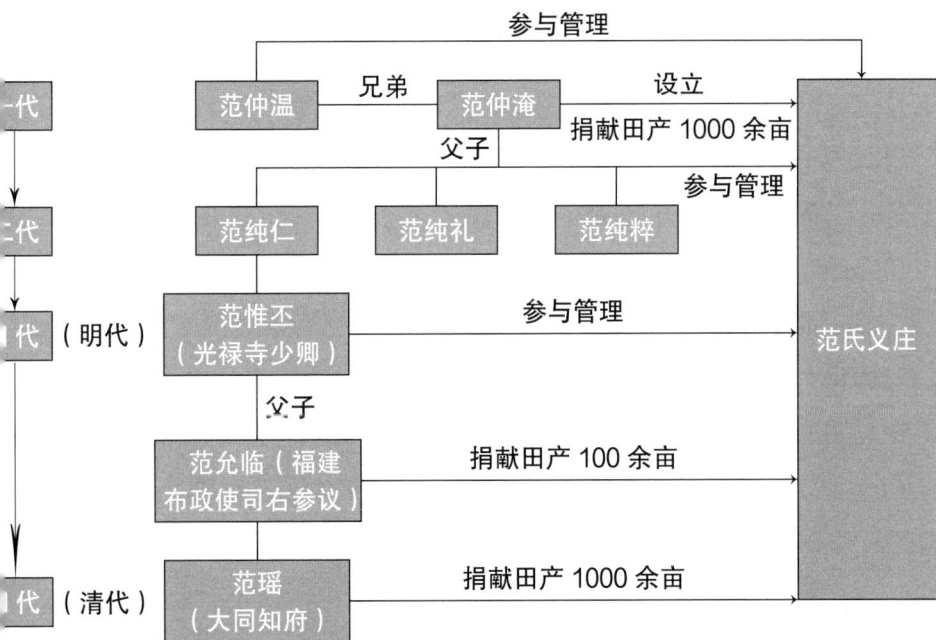

图 9-6　范氏义庄简要发展脉络图

具有帮扶以及慈善的性质（虽然范围比较小），但与慈善基金的含义的确是如出一辙的。因此，我们可以认为范氏义庄是现代信托以及慈善基金的鼻祖和雏形。

那为什么范氏义庄可以运行八百年，而其他义庄却无法维持长期运作呢？比如民国时期的首富盛宣怀，去世时为子孙留下 1300 多万两白银的资产，并设立了愚斋义庄，但运行不过十年就分崩离析了。

我觉得范氏义庄可以运行八百年，主要有以下三个原因：

1. 家族义庄的管理需要有合适的管理制度。范仲淹在义庄设立之初，就亲自订立了《义庄规矩》，共计 13 条，其中包括：设置掌管人 1 名，负责义庄资金的审批和使用；规定了各房的衣食用度标准；规定了婚丧嫁娶的资金使用额度和标准等。其后，范仲淹之子又订立了《续订规矩》，共计 28 条，范仲淹曾孙又订立了《续订规矩》，共计 12 条，对义庄的管理进行了完善和补充。范氏义庄的管理规矩对义庄的持久延续起到了保障作用。北宋之后，其他义庄皆以范氏义庄为楷模而进行效仿。

2. 家族义庄的早期运营至少需要两代人的支持和投入，才可以形成有效的运营机制。范氏义庄设立不久，范仲淹就去世了，范仲淹的哥哥范仲温接手义庄的管理，在范仲温去世之后，义庄就由范仲淹的三个儿子负责管理（大儿子早逝），三个儿子重新完善了义庄规矩并进行了多年管理。笔者认为，每一个家族基金运行的前五十年都是关键时期，范氏义庄也是如此。首先，在管理制度设计上，范仲淹所提出的《义庄规矩》是一个初稿，而第二代和第三代订立的《续订规矩》就是在初稿的基础上作了补充和完善，让义庄的运行有了长久的制度保障。比如第一稿中对于族人对田地的使用并未作出相应规定，所以很容易产生族人自买自卖、自用自租田地等损害义庄收益的情形。《续订规矩》中就明确指出范氏族人不得租赁义庄土地，义庄也不得购买族人名下的土地。再比如第一稿中对于掌管人和房长、宗长的权力并未进行互相约束，容易产生敌对以及摩擦甚至侵吞家族财产的情形。《续订规矩》中就明确指出义庄所设规定需得到宗长批准，但不干扰掌管人日常管理，掌管人在权限范围内可以自行负责义庄管理，如果产生其他纠纷，可以交由当地官府处理。由此可见，第一代人主要是对基金进行创立并且提供资金支持，第二代人可以在基金运行期间对于基金发生的各种问题进行处理并且设法规避，在两代人的管理之后，基金才可以进入良性运作。

3. 家族义庄不能仅仅局限于个人的小家庭。范仲淹所设的范氏义庄并不仅仅为了其四子一女，还为了整个范氏家族。古代一个家族所代表的宗族往往有上百甚至上千人，不是我们现代所理解的小家庭。范仲淹正是基于"老吾老以及人之老，幼吾幼以及人之幼"的理念，将其对家庭的小爱扩大到了对家族的大爱，所以才为整个家族设立了范氏义庄。也正因为这份大爱，之后的范氏族人也陆续对义庄进行了投入和完善。范仲淹的第16代孙范惟丕（历任兵部主事、光禄寺少卿、云南按察使司副使）对于范氏义庄的管理也是非常积极，并多次进行捐助。在他的影响下，其子范允临（明代著名书画家）将其所有的100余亩田产捐献给了范氏义庄。时至清代，范氏家族后人范瑶（官至大同知府）也向范氏义庄捐献了1000余亩田产。正是范氏族人一代又一代的接力，所以义庄才得到不断建设和发展，即使是困难时期和战争年代，义庄也运行良好，最后至民国时期，范氏义庄仍有田 5000 余亩，且仍在运行。

洛克菲勒：亿万家族的百年基业 [1]

在美国历史上，可能没有另外一位企业家像他一样，既受到万人痛恨，又受到万人景仰，他就是美国历史上的第一位亿万富翁——约翰·洛克菲勒。

洛克菲勒于 1839 年出生于美国纽约州的杨佳小镇，其父亲是一名商人，其母亲是一名虔诚的基督教徒。洛克菲勒很小就展露出出色的商业头脑，童年时期他就通过养殖火鸡获得了第一笔不菲的收入。成年之后他凭着坚持不懈的精神感动了老板，加入了一家谷物商行并担任会计，在此期间，他学会了如何经营企业和进行谷物买卖。三年后，洛克菲勒开办了属于自己的谷物公司，四年后，他决定转行从事炼油业，五年后，洛克菲勒就拥有了属于自己的炼油厂，七年后，他创办了美孚石油公司。从此之后，约翰·洛克菲勒在石油产业上的发展突飞猛进，其控股的美孚石油公司一度拥有全美国超过 95% 的炼油能力、90% 的输油能力和 25% 的原油产量，成为历史上第一家托拉斯形式的巨无霸企业。因为企业对于石油行业的绝对垄断，托拉斯联盟后续被美国法院认定违反市场公平竞争原则，因此，美国政府为其创设了反垄断法和反不正当竞争法，要求美孚石油公司进行拆分。拆分之后，洛克菲勒家族仍然通过董事会的形式控制企业的运营很长时间。在这之后，反垄断法和反不正当竞争法也传播到了世界上的各个国家，成为国家管控经济制度，

---

[1] 本文部分内容参考由《哈佛商学院管理与 MBA 案例全书》编写组编，中央编译出版社于 2017 年出版的图书《哈佛商学院管理与 MBA 案例全书》。

维持市场良好运作的有效手段，当然这是后话了。

　　洛克菲勒的一生毁誉参半，他的前半生因为专注于事业的发展和石油行业的垄断，所以侵害了很多石油上下游产业小企业主的利益，而一度被产油区的人们称为"蟒蛇"。他的后半生专注于慈善行业，创设了洛克菲勒公益基金，在教育、医疗、大学上投入了大量资金。小约翰·洛克菲勒也继承了他父亲的遗志，持续加大对洛克菲勒基金的资金投入。据统计，在洛克菲勒去世之前，洛克菲勒基金会总共投入了约五亿五千万美元用于慈善事业，而其中对中国的投入就占了将近一半。以医学领域为例，洛克菲勒公益基金会投资创立了北京协和医院（想必对中国医学发展史有一定了解的人都会对此肃然起敬吧），协和医院后续成为中国乃至全亚洲最现代化的教学医院，先后培养了妇科专家林巧稚、泌尿外科专家吴阶平、儿科专家诸福棠、内科专家张孝骞等一批顶尖名医，成为中国医学史上的奇迹。以教育行业为例，洛克菲勒基金会先后捐助了中国的13所大学，其中包括燕京大学（现北京大学）和清华大学。除此以外，洛克菲勒基金会也同时专注于农村农业建设和基础医疗领域的公益事业。

　　言归正传，我们今天还需要聊一下洛克菲勒家族的传承故事。约翰·洛克菲勒一生婚姻幸福美满，育有三女一子，受限于当时的传承方式（与中国旧社会重男轻女的落后思想观念相似，当时女儿几乎没有继承家族财产的权利），约翰将其大部分资产都交给了儿子小约翰·洛克菲勒。为了帮助小约翰管理庞大的家产，老约翰设立了著名的"5600房间"（因设立于洛

克菲勒广场30号56层第5600室而得名），并且聘请专业的律师、
会计师以及资深的管理人士担任家族管理委员会的专家顾问，
为家族成员提供在投资、法律、会计、税务、家族事务以及慈
善等领域的相关服务。小约翰·洛克菲勒共有五子一女，因为
当时美国已经出台了遗产税制度，所以小约翰创设了家族信托
基金，他将美孚石油公司的股权以及其他主要资产转入信托基
金，由信托基金进行财产的管理和分配工作。

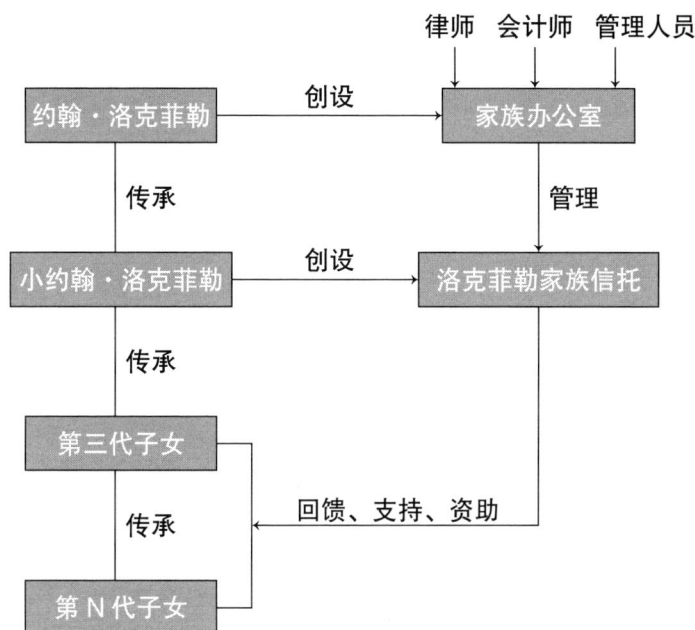

图 9-7　洛克菲勒家族传承图

　　时至今日，洛克菲勒家族已经传承至第六代子孙，不出意
外的话，这样的传承将会和范氏义庄一样持续下去。我们可以
看到，洛克菲勒家族能够传承六代，其中与范氏义庄是有很多
共通之处的。

一是两个家族都非常注重对子女的教育培养，并且卓有成效。洛克菲勒非常重视对儿子的培养，其中最为人称道的就是他写给儿子的 38 封信，每一封信中都可以看到一位父亲对儿子的教导和期盼，在信中，他将自己多年为人处世、经商管理的经验和盘托出，耐心并且委婉地教会了儿子积累财富和管理公司的技巧，也教会了儿子关于识人、用人和做人的道理。洛克菲勒家族的后代也人才辈出，小约翰是著名的商人和慈善家，纳尔逊·洛克菲勒（洛克菲勒的孙子）是著名的政治家，曾担任美国第 41 任副总统。一代贤臣范仲淹也是教子有方，其二子官至丞相，三子官至尚书，范氏一族的后代同样能人辈出。

二是两个家族的传承都经过了至少两代人的努力和投入。范仲淹在去世前几年捐出千亩良田设立范氏义庄，并订立了《义庄规矩》，但因为运行时间有限，管理中存在较多瑕疵。其儿子秉承父亲的遗志，积极投身范氏义庄的经营管理，并且订立了《续订规矩》，巩固和完善了义庄的管理模式和规则，最终使得义庄传承了八百多年。老约翰·洛克菲勒在去世前，设立了"5600 房间"，通过家族办公室的形式，协助子女进行资产的管理以及企业的运营工作。小约翰·洛克菲勒在继承资产之后设立了信托架构，让家族财产转入家族信托，完善了财产的继承制度，规避了美国高昂的遗产税，并且从形式上保障了家族财产的长期传承。同时，小约翰·洛克菲勒也设立了家族信托财产的使用规则，比如子女在未满 30 岁之前，只可以获得财产的利息，而不得动用财产的本金；在 30 岁之后，若需要使用大额财产进行投资的，需要征得家族办公室的同意。在两代人的共同努力下，洛克菲勒家族的财产传承初具雏形，并且至今已经延续到了第六代子孙。

三是两个家族在传承中都热衷于慈善事业，并且对家风、家族精神的传承非常重视。在范氏义庄的故事中，我们了解到义庄的创设并非为了范仲淹自身财产的传承，而是用于帮扶整个范氏家族。在洛克菲勒家族的故事中，我们看到至少已经有三代约翰·洛克菲勒的后人将其财产的一半以上用于全球的公益和慈善事业。财富的传承是没有止境的，世界首富的人选也会随着经济周期的调整而不断变换，但是家族所拥有的家风、精神却可以一代又一代地传承下去。这很好地阐述了"君子爱财，取之有道，视之有度，用之有节"这句话所蕴含的道理。

默多克家族：传媒大亨的控制权之道 [1]

大家耳熟能详的鲁伯特·默多克是默多克家族的第三代传人，其祖父帕特里克·默多克于 1851 年从苏格兰来到澳大利亚墨尔本，从事牧师行业；其父亲基思·默多克从事新闻行业，曾担任《先驱报》的董事长，并先后收购了多家报社、电台等，这些产业成为默多克家族传媒事业的发展基础。鲁伯特·默多克在 1952 年继承了父亲创建的传媒王国，并在此基础上继续扩张，他先后收购了《每日镜报》《世界新闻周刊》《太阳报》《泰晤士报》《纽约邮报》《华尔街日报》等报业集团，并进军电视传媒行业，收购了 20 世纪福克斯、都市媒体等 7 家电视台，创建了世界上最大的传媒帝国。时至今日，默多克家族的传媒产业已经触及传媒行业的每一个领域，不仅包括报纸、杂志、书籍的出版，也包括电影、电视节目的制作和发行，以及新兴数字传媒等的管理和运营。

大部分人知道鲁伯特·默多克是因为他与邓文迪女士的婚姻。这位现龄 90 多岁的传媒大亨先后有过 5 段婚姻。其与第 1 任妻子帕特共同生活了 11 年（1956—1967 年），育有长女；其与第 2 任妻子安娜共同生活了 32 年（1967—1999 年），育有二子一女；其与第 3 任妻子邓文迪共同生活了 14 年（1999—2013 年），育有二女；其与第 4 任妻子霍尔共同生活了 6 年（2016—2022 年），未生育子女；其与第 5 任妻子埃琳娜·朱

---

[1]　本文部分内容参考由王金锋编著，中国社会出版社于 2014 年出版的图书《默多克——由小报老板到传媒大亨》。

科娃于 2024 年 6 月举行婚礼。

自古才子多风流，从上述时间点上可以看出传媒大亨爱情生活上的丰富多彩，且四次离婚并没有对这位"钻石黄金汉"的身价造成影响，反而随着其产业的不断扩张，默多克家族的资产还在不断增长。究其原因，是因为默多克很早就通过家族信托对家族资产进行了管理和规划。

默多克家族的主要资产来源于新闻集团和 21 世纪福克斯（已被迪士尼收购）的股权。其中新闻集团的股权分为两种：一种是 A 类股票，只有分红权，没有投票权；一种是 B 类股票，拥有分红权以及投票权。根据现有资料的报道，默多克至少设立了三个信托计划来持有其传媒帝国的主要股权。

第一个信托基金是默多克家族信托，持有新闻集团 2600 万股 A 类股票以及 21 世纪福克斯的股票（现已出售）。该信托所持有的新闻集团的 A 类股票平均分给默多克的六名子女，但这些股票只可以享受公司的收益权，并不具有投票权。该信托的监管人为默多克的第二任妻子以及她的三名子女。部分资料显示，该信托还持有少量新闻集团的 B 类股票，由默多克的四名已成年子女享有。

第二个信托基金是默多克个人信托，持有默多克新闻集团的 B 类股票，目前由默多克本人进行持有和控制。该信托是唯一的可撤销信托，后续可能会随着默多克继承人的确定而进行改变。

第三个信托基金是默多克为其与邓文迪的两个女儿而设立的 GCM 家族信托。该信托持有少量的 A 类股票，仅享有公司

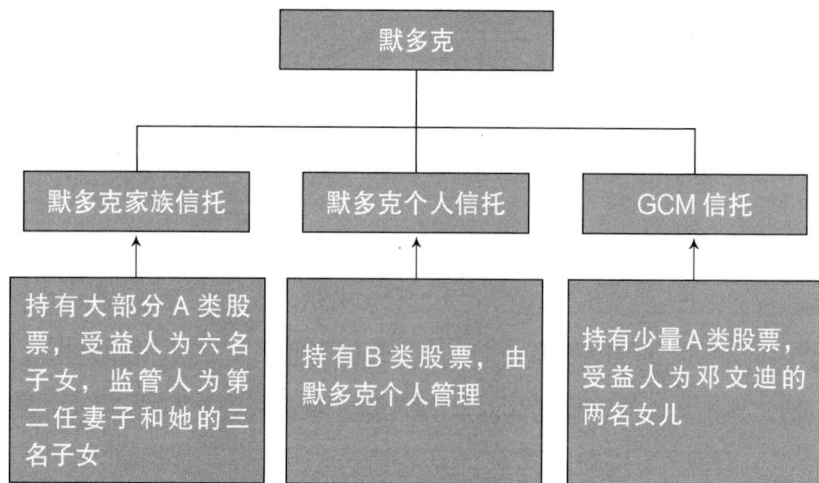

图 9-8　默多克设立的三种家族信托

的收益权，不具有投票权。

　　通过分析上述家族信托，我们可以看到默多克将新闻集团的所有权和控制权进行了分离。他将大部分股票划为 A 类股票，可以享受传媒帝国的收益和分红，用以保障子孙后代生活无忧。他将小部分股票划为 B 类股票，目前大部分 B 类股票仍由其个人控制，后续将传承给指定的继承人，以保障家族企业传承的稳定性，并且可以保障企业经营权和控制权的稳定。通过三种家族信托的安排，默多克实现了对多名子女的保障，并且实现了企业管理权和企业收益权的隔离，更有助于企业资产的传承。

失败的传承：被归复的张兰家族信托 [1]

2023 年 6 月 27 日，新加坡高等法院上诉法庭作出终审判决，驳回张兰及其关联公司 SETL（家族信托）的上诉，认为张兰可以控制 SETL，同意债权人 La Dolce Vita Fine Dining Company Limited（中文译名为"甜蜜生活美食有限公司"）提出的向 SETL 项下的银行账户任命接管人的请求。根据该判决，法院将张兰的家族信托资金认定为张兰所拥有的个人财产，债权人能够对该离岸家族信托的财产进行执行。至此，张兰的家族信托已经失去了信托设立的最初意义，无法达到家族财富传承的目的。那么，让我们回顾一下张兰以及张兰家族信托的始末吧。

张兰，1958 年 4 月出生于北京朝阳区，9 岁随父母前往湖北省孝感市干校。1989 年，张兰前往加拿大工作，1991 年回国并创办"阿兰酒家"，因店铺装修美观且菜肴出色，阿兰酒家的生意非常红火。2000 年，张兰在阿兰酒家的基础上创立"俏江南"品牌，俏江南主要专注于高端中式餐饮，一度在全国开设了 88 家门店，并成为北京奥运会指定的中餐供应商。2008 年，俏江南筹备上市，引入投资机构鼎晖创投，鼎晖向俏江南投资 2 亿元，持有俏江南 10.5% 的股权。双方在合作过程中，因为鼎晖给予了俏江南较高的市场估值，同时张兰对于上市的期待较高，于是双方同意在入股四年内完成 IPO 上市计划，若无法

---

[1] 本文部分内容参考网络对张兰的相关介绍以及新加坡高等法院上诉法庭公布的终审判决资料。

完成的话，则鼎晖有权要求张兰按照 25% 的年化回报回购股权（25% 的年化回报符合当时的法律规定和利率上限）。四年后，俏江南因多重原因未能上市成功，鼎晖要求张兰支付 4 亿元的股权回购款，张兰没有资金进行支付，鼎晖发起了公司清算，对公司的股权进行出让，最后由甜蜜生活美食有限公司竞得该部分股权。但甜蜜生活美食有限公司并非按照常见的股权转让方式支付股权转让款，而是再次通过公司信誉、业绩等进行贷款融资，张兰再次为上述业绩进行了承诺。同样的事情再一次发生，俏江南仍然没有完成新的业绩承诺，张兰需要对甜蜜生活美食有限公司支付的高额溢价款承担赔偿责任，而张兰已经将其从甜蜜生活美食有限公司股权转让过程中所获得的股权转让款转入其家族信托计划。因此，才有了本文最开始的债权人甜蜜生活美食有限公司向张兰追究赔偿并要求进行信托穿透的诉讼纠纷。

回到本文的家族信托案件，既然家族信托一直以风险隔离的特征为人所熟知，那张兰的离岸家族信托为什么会被穿透呢？根据新加坡高等法院的判决书，法官认为张兰虽然不是信托中所规定的管理人，但她却以实际行为表明其是家族信托项下资金的实际权利人，主要依据如下：

1. 在家族信托成立之后，张兰仍然可以自由地从银行账户中进行转账且用于个人消费。

2. 张兰代理人在邮件中要求信托管理人及时告知账户资产的变化，并明确提到家族信托的有关银行账户为张兰所有。

3. 在接到中国相关冻结令通知和新加坡冻结令通知之前，

张兰多次尝试将家族信托项下的资金进行转移。

通过以上依据，法官认为张兰系信托资金的实际权利人，因此该信托的资产并未归属于信托所管理和控制，属于衡平法中的归复信托。

张兰的故事让人唏嘘，作为一位创业女强人，时至今日，她仍然在创业的路上坚持和努力。但俏江南的故事已经落下帷幕，张兰通过其所积攒的全部身家，因为连续两次的对赌失败以及信托设立的纰漏，从而导致家族财产传承的失败。

失败的传承：被截和的鲁南制药股权 [1]

　　鲁南制药创始于 1968 年，前身是郯南劳动大学校办工厂——郯南制药厂。1987 年，企业承包经营责任制试运行，由赵志全进行企业承包并担任郯南制药厂的厂长。在赵志全的经营管理下，药厂逐渐发展壮大，并于 1994 年改制为鲁南制药股份有限公司。

　　1994 年，鲁南制药与山东烟台发展公司的境外子公司鲁信（美国）有限公司进行合资持股，其中鲁信（美国）有限公司持股 25.7%。之后，因为经营理念的分歧，鲁南制药管理层与山东烟台发展公司产生了矛盾，鲁信（美国）有限公司将其所持有的鲁南制药 25.7% 的股权转让给了凯伦（美国）有限公司。其后，凯伦（美国）有限公司持有的鲁南制药及其子公司的股权通过在英属维尔京群岛新设凯伦新时代公司（以下简称"凯伦 BVI 公司"）信托等方式进行数次调整。截至 2011 年 7 月，各公司股权结构为：鲁南制药董事长赵志全持有凯伦 BVI 公司100％股权，凯伦 BVI 公司持有安德森投资有限公司 100％股权，安德森投资有限公司持有鲁南制药 25.7％股权，并分别持有鲁南厚普制药有限公司、鲁南贝特制药有限公司、鲁南新时代生物技术有限公司与鲁南新时代医药有限公司 25％股权。

　　2011 年 7 月，赵志全考虑到财产传承的事宜，委托律师设立了海外信托，并出于对经办人的信任，同意将信托的股权转

---

[1]　本文部分内容参考网络对鲁南制药股权纠纷案件的相关介绍以及海牙国际法院公布的判决资料。

让至经办人妻子（以下简称"受托人"）的名下。不过在信托设立过程中，赵志全也保留了撤销权，但该撤销权仅限于赵志全本人。

该信托在赵志全在世期间一直运作正常，但在其去世之后，事情就发生了争议。赵志全在去世前，明确要求经办人将信托的所有权由受托人转让至其女儿赵龙名下。但经办人并未按照该要求办理，并且在其女儿不知情的情况下，将信托财产（安德森公司的股权）转让至其他公司名下。2017 年 8 月 21 日，赵龙在英属维尔京群岛法院进行起诉，主张安德森公司的股权属于其本人。因疫情影响，该案件于 2021 年 7 月 20 日才由英属维尔京群岛法院作出判决，认定涉案鲁南制药 25.7% 股权的所有者是赵龙。

在此期间，鲁南制药现任管理团队认为安德森公司的股权并非属于原董事长赵志全，而是由赵志全代持的鲁南制药自身的股权，并提交了相应的股权代持协议。2019 年 12 月，鲁南制药向山东省临沂市中级人民法院起诉安德森公司，请求依法确认鲁南制药与安德森公司之间的委托持股关系解除。2020 年 4 月 3 日，山东省临沂市中级人民法院判决解除股权代持协议。2021 年 3 月，原由安德森公司持有的鲁南制药、医药公司以及生物技术公司的股份，被转移至鲁南制药现任董事长新设的两家香港公司——贝普科技有限公司和博见投资有限公司。

但是，因为海外判决与国内判决存在明显的冲突，截至今日，鲁南制药的股权仍未实际登记至赵志全的女儿赵龙名下。

在上述纠纷之中，主要存在以下三个争议焦点：

一、关于代持协议的真实性以及解除情况

根据代持协议签订的时间以及法院判决情况，该代持情况应当是真实存在并且真实有效的，但该代持协议以及代持情况是当时公司为了取得税收优惠所做的安排。随着鲁南制药的发展，由于赵志全在公司发展过程中作出巨大贡献，以及鲁南制药后续对股权分红以及分配的认可，其实该代持协议中的股权已经由公司转移至赵志全个人名下。但是，公司、被代持人以及股权实际所有权人均没有对该代持行为的终止、取消进行确认，所以导致后续纠纷的产生以及山东法院判决的不利。

二、股权的实际持有人

考虑到赵志全对公司的巨大贡献以及其实际控制地位，其未持有公司任何股权的情形几乎不可能发生。而除了目前已经引起争议的股权外，赵志全在其他社会股、职工股中均未进行持股，那么唯一合理的解释就是其一直自认为是争议股权的实际持股人，而争议股权在进入信托之前也的确登记在他个人名下。同时，公司以及其他股东在赵志全去世之前也是同意并且认可该股权为赵志全所有且进行股权红利分配的。

三、股权转让的对价支付

在本次股权纠纷中，争议之一就是赵志全是否支付了股权转让款，或者该股权转让款的支付人究竟是谁。根据目前海外判决的认定，法官认为该部分股权支付款系赵志全通过其个人薪金、奖金以及所获得股权所对应的分红权进行支付的。但是，

鉴于赵龙所得到的财产资料存在缺失以及鲁南制药对财务管理的不规范，很难将该转让款中的公司支付部分与个人支付部分进行明确划分，的确存在一定分歧和争议，也就导致了该股权所有权不明的问题。因此，公司股东在公司运营期间是否进行了规范的财务运作和管理，对于公司资产、个人资产的区分非常重要。

综上所述，因各方披露的信息有限，若本文所分析的情况与实际情况存在冲突，还需要根据实际情况进行调整。但是，归根到底，赵志全所安排的鲁南制药的股权传承已经失败。

在鲁南制药的传承过程中，赵志全采用海外信托方式进行传承，但在设计中仅保留其个人撤销权，且未在生前进行有规划的安排，导致传承发生了重大失误。笔者认为，海外信托架构并不适合大部分的国内股权传承情况，主要理由如下：

一、大部分家族传承人对信托架构并不了解

信托制度作为从英美国家引入的金融工具，目前在中国国内所使用的情形不多，同时也缺乏可以进行有效管理的法律规定。因此，若家族采用信托形式进行财产传承的，所选取的信托方式以及委托办理人员必须要专业可靠，否则很容易发生类似张兰家族信托或鲁南制药股权信托的失败情形。

二、复杂的信托架构不适合大部分的中国传统传承模式

鲁南制药的股权信托通过多重架构进行了搭设，该复杂的架构虽有利于进行合理避税以及身份保密，但也导致了委托人

与继承人对信托运营情况的不了解。在赵志全的传承安排中，其仅有一名女儿，家庭关系简单，也不存在其他继承人，因此，鲁南制药的股权本可以通过简单和直接的股权转让方式完成家族传承，但是赵志全选择通过信托方式进行财产传承，却又未能在生前进行合理安排，最终导致传承失败。

在中国，因早期所执行的计划生育政策的影响，目前大部分创一代家庭为独生子女家庭，所需要传承的继承人较少。因此，若家庭情况简单，不存在其他继承人的，建议采用股权转让方式完成传承即可。

三、家族传承需要提前安排和规划

赵志全在去世当天才要求经办人将信托所有权转让至其女儿名下，以致在该指令未完成之前，股权继承就产生了纠纷。家族传承是一项复杂且需要长期规划的工程，创一代不能因为忌讳生老病死就忽视传承的安排和规划。若创一代未在生前对家族财产进行合理安排，那留给继承人的可能会是不断的冲突和纠纷，甚至一地鸡毛。

第十章　财富传承的方式

企业传承方式之股权转让

在企业的传承过程中,企业的股权、控制权的传承尤为重要。企业控制权的变更和传承有多种方式,通过股权转让的方式进行传承是最为常见的一种。

在鲁南制药的案例中,赵志全希望传承的为其所持有的鲁南制药的股权。鉴于当时的政策原因,该部分股权登记于美国公司名下,并通过多种架构以及信托方式进行了嵌套。在鲁南制药股权的信托架构中,多重信托架构设计以及菩提树安排,使得股权的所有权人难以确认,间接导致了在他去世后的股权纠纷。

股权转让是股权传承中最为简单有效的方式,但鉴于企业传承的复杂性,我认为可以分步骤、分形式完成企业股权传承的任务,以下是股权转让的三种方案:

一、一次性进行股权转让

在这种方案中,创一代将其所有的公司股权一次性全部转让给其选定的接班人,且接班以及股权传承通过一次股权转让就可以完成,具有快捷简单的优点。但考虑到企业的传承并非仅仅是股权的改变,一次性的股权转让不利于企业的长期稳健发展，容易引发管理团队与接班人之间的矛盾，也容易导致企业经营方针、管理理念发生重大变更的风险。

根据《国家税务总局关于发布〈股权转让所得个人所得税管理办法（试行）〉的公告》（国家税务总局公告 2014 年第 67 号）第十三条规定，如果是符合以下情形的无偿转让股权，可不征收个人所得税：继承或将股权转让给其能提供具有法律效力身份关系证明的配偶、父母、子女、祖父母、外祖父母、孙子女、外孙子女、兄弟姐妹以及对转让人承担直接抚养或者赡养义务的抚养人或者赡养人。除以上情形外的亲属之间进行股权转让，若申报的转让收入明显偏低且无正当理由的，税务机关可以核定其转让收入并计征个人所得税。

根据财税法的规定，父母与子女之间的直接股权转让可以免征股权增值税，因此本方案具有较大的税务优势。

二、分步骤进行股权转让

根据《公司法》的规定，有限公司的股东进行股权转让的，其他股东具有优先购买权。若公司存在多名股东或比较重要的其他股东的，公司大股东或重要股东的股权转让行为可能会引发其他股东行使优先购买权。在这种情形下，建议创一代通过分次的方式进行股权转让。

创一代可以将极少量的股权进行第一次转让，因为转让股权较少，一般不容易产生争议或者矛盾，其他股东也会相对好沟通且同意本次股权转让。在本次股权转让之后，创一代可以让接班人参与公司的管理和经营工作。在接班人完成一定工作任务或工作考核之后，创一代若认为可以进行企业股权传承的，可以再将所持有的剩余股权或大部分股权转让给接班人。

在这种情形下，因为接班人已经是公司股东，股东与股东之间的股权转让不需要再征得其他股东的同意，其他股东也不再享有相应的优先购买权，可以有效降低股权转让的风险。

在这个方案中，创一代是分阶段、分步骤地进行股权转让的，可以对接班人进行一段时间的培养工作，也可以有效降低公司控制权变更所产生的风险，还可以通过股东之间的股权转让规避优先购买权的规定。

三、通过架构设计进行股权转让

对于很多企业家而言，企业也是其生命的重要组成部分，甚至相当于他的一个孩子，因此，企业可以顺利交到一名值得信任和能够接班的传承人手上，对企业家来说非常重要。

同时，为了保障企业家对企业的控制权，部分企业家希望将分红权提前分配给子女或家族，但将企业控制权继续留在其个人手中。

在这种情形下，企业家可以将其所有的股权转入一家新设的有限合伙企业，由企业家本人担任合伙企业的普通合伙人，这样可以控制该企业的运作并享有对公司的投票权，由家族成员担任该企业的有限合伙人，享有其合伙份额所对应的分红权利。

在这种情形下，企业家也可以通过信托的形式实现对企业控制的目的。企业家可以将其股权转入信托基金，其个人在生前可以继续保有对企业的控制和管理能力，其子女、亲属、家族可以根据信托安排享有相应的收益。

上述三种方案都是企业传承中股权转让或控制权变更的重要方式。三种方案各有优势和劣势，企业家可以根据公司实际情况进行股权转让的安排。

企业传承方式之股权增资

　　股东获得股权的方式主要包括两种：第一种方式是通过股权转让获得股权；第二种方式是通过公司增资获得股权。在上一节内容中，我们重点探讨了通过股权转让的方式进行公司控制权的传承，本节我们将探讨通过股权增资的形式进行公司控制权的传承。

　　那么在哪些情形下会通过股权增资的形式完成企业传承呢？

情形一：股权转让存在较高额的税收负担

　　根据我国目前的税收优惠政策，父母向子女转让的股权可以享受税收优惠政策，免征增值税。但是该政策仅限于直系近亲属之间的股权转让，若创一代与接班人之间的关系不符合上述优惠政策条件的，则可能面临高额的税收负担。

　　在这种情况下，企业控制权可以通过让接班人对企业进行增资完成变更。若后续上述税收优惠政策取消了，则直系近亲属之间也可以通过增资的方式完成控制权的转让。

情形二：股权转让无法规避其他股东行使优先购买权

　　在有限公司中，公司股东对其他股东对外进行的股权转让行为可以行使优先购买权。因此，若公司股东在企业传承过程中，其他股东不同意该股权转让方案或要求行使优先购买权的，则将严重影响企业的传承计划。

在上述情形中，创一代若持有较多公司的股权或对公司议案具有控制权的，则可以通过少部分股权增资的形式，让接班人先加入公司成为公司股东。

在接班人成为公司股东之后，创一代和接班人之间的股权转让将有效规避其他股东的优先购买权，从而能够顺利完成相应的股权传承工作。

情形三：家族成员中存在多个运营主体需要进行传承

在部分家族中，创一代与接班人均有企业在经营运作的，若双方希望在传承后进行统一管理或进行集团化管理的，则双方可以通过增资或者收购并购的形式，完成企业资产的合并，以达到统一传承的目的。

综上所述，通过增资形式获得企业股权也是企业传承中的重要方式之一，所适用的情形与股权转让并不相同。但这种方式也存在一定的弊端。因为接班人通过增资形式所获得的股权属于新增资本，接班人还需完成对公司注册资本的实缴义务，因此，若企业后续产生风险的，该部分股权的法律风险和法律责任较大，尤其在新修订的《公司法》施行之后，股东所认缴的股权需要在五年之内实缴到位。同时，原始创一代的股权比例虽然被稀释，但其所持有的股权仍然存在，传承并没有最终完成。

在大部分企业传承项目中，针对不同的传承情形和企业情况，我们可以灵活适用股权转让、股权增资等方式完成企业控制权的变更。

财富传承方式之资产分割

很多企业家在传承过程中希望子女可以全盘接受其资产、经营理念和管理方式等，但其实资产也有优劣之分，企业在传承过程中应先进行资产分割，再进行合适的企业传承，这样效果会更好。

为什么需要进行资产分割呢？笔者认为可能存在以下原因：

一、企业传承的财产应当是合法、安全、无争议的资产

在企业传承的过程中，我们需要对资产进行高风险和低风险的区分。

合法、安全、无争议的资产属于优质资产，应当优先考虑进行传承。对于部分存在高风险、高争议的资产或者企业，创一代应当进行审慎安排，若适合进行传承的，应当重新进行架构设计和风险隔离后进行传承，若不适合传承的，该部分资产可以提前进行出售或者剥离。

我的团队在为客户提供企业传承的法律服务时，部分客户也会主动提出希望将其资产中的土地房产部分进行单独剥离，提前传承给继承人或者单独设立公司或信托计划进行运作，同时将其资产中企业经营的部分进行隔离，由创一代继续进行管理和经营，后续可以根据二代的接班意愿，由二代进行接班或委托职业经理人进行管理。

二、企业传承的资产应当考虑接班人的管理意愿和管理能力

李嘉诚在进行财富传承的过程中，将其资产分为两部分，其中企业经营管理由大儿子李泽钜负责，主要资产包括长江实业、和记黄埔等核心上市公司及其资产，其中现金资产部分由二儿子李泽楷继承，两部分资产价值相当。李嘉诚进行上述安排的原因，是因为其两名继承人性格迥异，其大儿子成熟稳健，适合作为公司的掌舵人进行经营和管理，其二儿子聪慧勇敢，擅长金融投资、地产投资等资本运作。

因此，企业在传承过程中也需要充分考量接班人的管理意愿和管理能力，根据接班人的性格进行有针对性的安排和设计。

三、企业传承的部分资产可以用于强制储备以及风险防范

孟子曰："莫非命也，顺受其正。是故知命者，不立乎岩墙之下。"这句论述后来演化为我们所熟知的"君子不立于危墙之下"。现代企业在经营过程中，存在大量的不确定性以及风险，因此防患于未然的最好办法，就是在资产传承的过程中，将部分资产进行隔离，可以通过信托、保险等形式，将该部分资产用于强制储备以及风险防范，或者作为以后东山再起的储备资金。

综上所述，企业在传承过程中，可以提前对资产进行分割安排，对于风险较小的优质资产以及用于风险防范的储备资产进行提前传承，对于风险较高的经营资产以及传承难度较高的财产进行合理设计和安排后再进行传承。

财富传承方式之法定继承

法定继承适用于被继承人未立遗嘱、遗赠扶养协议或上述协议无效的情况下，法律将根据被继承人与继承人之间的近亲属关系，按照法律规定的继承人范围、继承顺序进行遗产分配。

根据《民法典》第一千一百二十三条规定，继承开始后，按照法定继承办理；有遗嘱的，按照遗嘱继承或者遗赠办理；有遗赠扶养协议的，按照协议办理。

因此，若被继承人未签署遗赠扶养协议，未立遗嘱的，则继承将按照法定继承方式进行。在进行遗产分配之前，需要先解决以下问题：

一、共有财产需进行分割后方可继承

被继承人的财产在继承之前，首先需要区分个人财产以及共同财产。若财产中存在家庭共同财产的，应对该共同财产进行分割处置，确认是被继承人的财产后，再进行继承。若部分遗产不宜进行分割的，可以采用折价、适当补偿或共有等方式进行处理。

二、被继承人的财产转移手续需要缴纳税款的，应进行缴纳

目前我国尚未征收遗产税，若后续遗产税开始征收，所继承的遗产应当先完成纳税申报以及税款缴纳。在目前遗产继承过程中，若继承人需要继承房产、股权的，也需要按照我国法律规定办理相应的税收缴纳手续后，方可办理产证转移手续。

三、被继承人存在债务的，继承人在继承遗产范围内承担责任

根据《民法典》第一千一百六十一条规定，继承人以所得遗产实际价值为限清偿被继承人依法应当缴纳的税款和债务。超过遗产实际价值部分，继承人自愿偿还的不在此限。继承人放弃继承的，对被继承人依法应当缴纳的税款和债务可以不负清偿责任。

因此，若被继承人所欠缴的税款或债务金额高于其遗产金额的，继承人可以放弃继承。若继承人进行继承的，应当以所得遗产实际价值为限进行偿还。但是，在实践中，若继承人在清偿债务时对债务以个人名义进行归还或以实际行为加入债务履行的，则存在被认定需要共同承担债务偿还责任的可能性。因此，对于被继承人存在巨额债务或被继承人资产负债较为复杂的情形，建议继承人审慎核实资产、债务情况，与债权人另行签署还款协议，明确归还金额以及承担的范围、比例等相关事宜，以便产生不必要的纠纷和麻烦。

在明确了上述前提条件后，我给大家介绍一下关于法定继承的规定和顺序：

一、法定继承的顺序

根据《民法典》的规定，法定继承的第一顺位为配偶、子女、父母，第二顺位为兄弟姐妹、祖父母、外祖父母。存在第一顺位继承人的，则财产将在第一顺位继承人中进行平均分配，若不存在第一顺位继承人的，则由第二顺位继承人进行继承，财产也将在第二顺位继承人中进行平均分配。大部分被继承人的

财产均可以在第一顺位继承人或第二顺位继承人中完成财产的继承和分配工作。

二、法定继承的财产分配给已婚继承人的，属于夫妻共同财产

根据《民法典》的规定，夫妻在婚姻关系存续期间所继承或受赠的财产属于夫妻共同财产。之前也有多个案例报道，部分夫妻在配偶继承巨额财产以后，要求离婚并进行财产分割。在这种情形下，该财产的分配肯定不符合被继承人对子女婚姻的期许，但因为其并未在生前订立相应合法的遗嘱对其财产进行安排，因此其子女所继承的财产属于夫妻共同财产，配偶有权在离婚时要求进行分割。

夫妻关系是每个人最重要的关系之一，但有时候并不是最长远的关系。因此，创一代在进行企业传承时，应当充分考虑子女婚姻状况对其财产传承的影响。

综上所述，法定继承的主要特点是相对公平，遗产将按照法律规定进行平均分配，而法定继承的最主要缺点也是公平，它无法体现被继承人的个人要求或继承意愿。

但是，受中国传统文化的影响，绝大部分中国人对生老病死讳莫如深，也没有订立遗嘱的习惯，在这种情况下，被继承人的财产将按照法定继承的形式进行传承。若各个继承人之间相处融洽，同时婚姻家庭和睦，该继承并不会产生矛盾，但若继承人之间存在分歧或随着被继承人去世而关系冷漠的，则法定继承将给他们带来不断的纷争和诉讼。

财富传承方式之遗嘱继承

遗嘱继承是指继承开始后，继承人按照被继承人生前所立的合法有效的遗嘱继承被继承人遗产的制度。合法有效的遗嘱代表了遗嘱人真实的意思表示，能够实现遗嘱人本人对其财产分配的意愿，体现了遗嘱人的意思自治。遗嘱继承的效力优先于法定继承。

在遗嘱继承的过程中，我们需要注意以下常见问题：

一、遗嘱的常见形式和效力规定

《民法典》中规定的遗嘱形式包括自书遗嘱、代书遗嘱、打印遗嘱、录音录像遗嘱、口头遗嘱和公证遗嘱六种，并分别规定了法定要件。具体形式要求如下：

类型	形式要求
自书遗嘱	遗嘱的全部内容均由遗嘱人亲笔书写，亲笔签名，并注明年、月、日
代书遗嘱	应由两个以上见证人在场见证，由其中一人代书，并由遗嘱人、代书人和其他见证人签名，注明年、月、日
打印遗嘱	应当有两个以上见证人在场见证。遗嘱人和见证人应当在遗嘱每一页签名，注明年、月、日

类型	形式要求
录音录像遗嘱	以录音录像形式立的遗嘱，应当有两个以上见证人在场见证。遗嘱人和见证人应当在录音录像中记录其姓名或者肖像，以及年、月、日
口头遗嘱	遗嘱人在危急情况下，可以立口头遗嘱。口头遗嘱应当有两个以上见证人在场见证。危急情况消除后，遗嘱人能够以书面或者录音录像形式立遗嘱的，所立的口头遗嘱无效
公证遗嘱	由遗嘱人经公证机构办理

在实践中，需要注意以下事项：

1.对于夫妻合立的遗嘱，通常会出现一方手写一方仅签名的情况，若有证据证明该遗嘱内容均为双方的真实意思表示，则可以参照自书遗嘱处理。

2.见证人需要有两个（含）以上，同时继承人、受遗赠人以及利害关系人均不得作为见证人。

3.打印遗嘱并非在结尾处签名，而是需要在每一页进行签名。

4.口头遗嘱仅适用于危急情况，在普通情况下不能适用。

5.《民法典》出台后，公证遗嘱已不具有优先性，但仍然是遗嘱中最为正规和有效的遗嘱形式。

二、遗嘱能否指定法定继承人以外的继承人

遗嘱继承不限定于法定继承人之中，可以指定法定继承人以外的继承人继承财产。若继承人属于法定继承人的，该遗嘱生效后则可进行直接继承。若继承人不属于法定继承人的，则该遗嘱的本质为遗赠协议，受遗赠人应当在知道受遗赠后六十日内，作出接受或者放弃受遗赠的表示，到期没有表示的，则视为放弃受遗赠。常见的情形为爷爷奶奶将财产遗赠给孙辈，孙辈需要在知道受遗赠后六十日内，表示接受遗赠，并告知其他法定继承人。若孙辈未在知道受遗赠后六十日内进行明确表示的，则该遗赠行为会失效，所失效的财产将按照法定顺序进行分配。

三、遗嘱需符合法定形式才可以生效

遗嘱需要在被继承人死亡之后才发生法律效力，因此遗嘱人的意愿无法与其本人进行核实，所以需要通过法律对遗嘱的形式、内容等进行严格审查，以确保符合法律效力。而不符合法定形式的遗嘱则将被认为无效。

遗产分割，既分财之多寡，又分情之厚薄，更分心之高下。父母之爱子，则为之计深远。遗嘱继承可以体现被继承人对自身财产的安排和规划，可以反映被继承人对后辈的期许和祝愿，能够更好地达到财富传承的目的，是传承中较佳的选择方式之一。

财富传承方式之不动产继承

　　安居乐业一直是中国人从古至今的人生追求。中国北宋政治家范仲淹在创立范氏义庄的过程中就采用购置田地、房产的方式完成原始财富积累。范氏义庄创立于北宋皇祐二年（1050），范仲淹以其积蓄在苏州吴县购置田地 1000 余亩，并将土地的所有权归属于义庄所有，义庄每年的田地租金收入用于资助范氏宗族中生活困难的族人，是中国乃至世界上最早期的家族慈善信托之一。范氏义庄虽然历经战乱以及朝代更迭，但一直运行良好，直至民国时期，其历史长达八百多年。

　　土地以及房产作为中国大多数家庭最重要的资产之一，具有较为可靠的保值性、增值性以及稳定收益。家族传承中如果主要通过货币资金传承，那么较为容易遭受贬值损失或被继承人挥霍。家族传承中如果主要通过企业股权进行传承，那么将极度依赖于企业的盈利情况以及发展情况。因此，大部分家族传承中也会配置一些固定资产，例如房产、土地，甚至厂房园区等，作为财富传承中的共同组成部分。

　　本文将根据民用居住房产、商业地产、工业地产等类型，分别为大家介绍房产继承以及受让的相关法律规定。

一、居民所持有的住宅的传承

　　父母或被继承人持有房产的，可以通过赠与、转让或其他方式传承给继承人。若父母名下房产为一套的，那么根据《国家税务总局关于个人住房转让所得征收个人所得税有关问题的通知》（国税发〔2006〕108号）的规定，对个人转让自用5年以上，并且是家庭唯一生活用房取得的所得，免征个人所得税，即房产通过买卖形式进行传承仅需要缴纳契税，相比于赠与，所要缴纳的税款更少，而且后续出售更为方便。若父母名下房产为多套的，那可以通过赠与形式进行传承，赠与房产需要缴纳契税和印花税。

若被继承人采用赠与形式进行房产转让的，需要注意赠与合同一经办理过户手续，无特殊情形的不得进行撤销。根据《民法典》第六百五十八条规定，赠与人在赠与财产的权利转移之前可以撤销赠与。因此，若双方的赠与手续已经办理完毕，则赠与人不得随意取消赠与。若坚持需要撤销赠与的，需要符合法律规定的情形。根据《民法典》第六百六十三条规定，受赠人有下列情形之一的，赠与人可以撤销赠与：（一）严重侵害赠与人或者赠与人近亲属的合法权益；（二）对赠与人有扶养义务而不履行；（三）不履行赠与合同约定的义务。但是在实际操作中，上述情形若未在赠与合同中进行明确约定，证明起来较为困难。因此，若父母在赠与房产的同时对子女有明确赡养要求的，建议在合同中进行明确约定，以便保障赠与人的合法权益。

居民所持有的住宅，除了赠与、买卖外，被继承人还可以通过遗嘱形式、出售形式、子女代持购房等形式进行传承，但所有的形式都需要符合法律法规的规定，并且需要全面考虑实际履行和执行的情况，以便保障各方的权利和诉求。

二、个人所持有的商业地产、工业地产的传承

商业地产是指土地使用年限通常为 40 年的房屋，土地性质为商业性质，一般商业地产可以用作商铺、写字楼等从事办公活动的房屋。工业地产是指土地使用年限通常为 50 年的房屋，土地性质为工业用地，一般工业地产可以用作工厂、车间、手工作坊等从事生产活动的房屋。

商铺或工厂可以采用买卖形式或者赠与形式进行过户。商业地产和工业地产如果采用买卖形式过户的，目前没有优惠政策，需要按规定缴纳印花税、增值税、契税等税费。商业地产和工业地产如果采用赠与形式进行过户的，可以免征增值税（财税〔2016〕36 号文件附件 3《营业税改征增值税试点过渡政策的规定》）和个人所得税（财税〔2009〕78 号文件《财政部、国家税务总局关于个人无偿受赠房屋有关个人所得税问题的通知》），仅需要缴纳印花税、契税。但是上述通过赠与所取得的商业地产或工业地产，在下一次交易的时候，需要重新评估并补充缴纳相应税款。因此，若被继承人所持有的商铺、工厂等房产价值较高的，建议通过企业形式进行持有，后续再以股权转让形式完成转让即可。

父母之爱子，则为之计深远。无论被继承人采用何种方式进行房产的传承，都应当提前做好法律风险的管控以及税务筹划。目前我国的房产税收政策变动比较频繁，在进行实际操作之前，应当提前就相关政策向当地的税务部门和房管部门进行咨询，以便顺利办理。

第十一章 财富传承金融工具

财富传承金融工具之信托

信托是财富传承中最为企业家所推崇的一种金融工具，本文将从信托的起源、信托的作用、信托的优缺点三个方面为大家进行简单的介绍。

一、信托的起源

原始的信托行为起源于古埃及的遗嘱托孤。公元前 2000 年左右，古埃及就有人通过设立遗嘱，让他的妻子继承自己的遗产，并为儿女指定监护人，还设有立遗嘱的见证人。这种以遗嘱方式委托他人处理财产并使继承人受益的做法是迄今为止发现的最早的一种信托行为。在古代罗马法中也有早期的遗产信托制度，根据《查士丁尼法典》的规定，在按遗嘱划分财产时，可以把遗嘱直接授予继承人，若继承人无力或无权承受时，遗嘱人可以委托有权利接受遗产的第三人来进行管理和实现。

现代的信托制度主要起源于中世纪的英国，看过英剧《唐顿庄园》的剧迷都知道，根据当时英国的法律规定，房屋、土地等财产，甚至家族封号和爵位，都只能由男丁进行继承。如果被继承人没有儿子，那么女儿将无法继承家产，家族财产将由旁系血亲的男性继承人进行继承。因此，信托制度就在这个基础上应运而生。被继承人可以将其财产无偿赠送给值得托付以及信赖的第三人，由第三人所有，但是被继承人和第三人约定这些财产所产生的收益的部分或者全部应当给予被继承人指定的受益人。

所以信托就是委托人（被继承人）基于对受托人（或者受托机构）的信任，将财产的所有权转移至受托人（或者信托计划）名下，由受托人按照委托人的意愿进行管理，并按照委托人的意愿向受益人进行财产分配的行为。

二、信托的作用

家族信托对于家族财富传承具有积极的意义和作用，家族信托因为其独立性和规划性，可以帮助继承人进行财产的风险隔离，可以定制化设计信托收益的分配方案，可以帮助未婚子女提前进行婚前财产规划，可以进行财富保护等。信托的作用具体介绍如下：

1.企业风险与家族财产的隔离墙

企业经营存在较多的财务风险、税务风险以及债务风险。企业主在企业经营过程中也经常需要签署联名担保或者相关承诺。若企业因为经营风险产生债务，则会对企业主个人的财产产生影响。鉴于信托可以将财产的所有权转移至第三人或者信托计划名下，企业主将不再拥有该财产的所有权，因此债权人无法对信托内的财产进行追偿。

因此，企业主可以在企业发展顺利的时候，将个人财产与企业资产进行一定隔离，将部分资产转入家族信托计划，进行风险隔离。即使后续企业经营产生风险，也不会影响家族信托的资产。

2. 子女婚姻关系的财产保护伞

根据《民法典》的规定，夫妻在婚姻关系存续期间所得的投资收益、继承财产、受赠财产等，均属于夫妻共同财产。因为信托可以指定受益人，所以可以约定子女享有相应收益，并排除子女配偶的受益权利。因此，若通过家族信托方式进行财产规划的话，那么可以对子女的婚前财产以及继承财产进行财产保护。

3. 委托人意愿的执行者

根据《信托法》的规定，委托人可以对受托人获取收益的形式、方式进行约定。同时鉴于信托计划的安排，受托人可以在委托人去世之后，持续按照委托人的要求对信托财产进行管理和分配。因此，若通过家族信托方式进行财产规划的话，则信托的收益可以按照委托人的意愿进行执行并持续至委托人要求的时间。

三、信托的优缺点

信托凭借其优点，成为财富传承中最为各大机构所推荐的金融理财工具。信托的优点很多，主要包括以下四个方面：

1. 信托可以管理多个类型的财产

信托计划与其他财富传承方式不同，它几乎可以将财富的全部种类囊括在内并进行管理，包括房产、企业股权、收藏品、保险、知识产权等。但是目前国内信托在财产管理上还存在一定限制，具体需要根据管理机构的管理范围来确定。

2. 受益人范围较为广泛

信托计划与遗嘱或者遗赠扶养协议不同，遗嘱或者遗赠扶养协议都需要有明确的亲属关系或者具体受益人。信托计划的受益人可以是自然人，也可以是机构，甚至可以包括家族中未出生的后代。所以信托计划具有可以长期传承的特点。

3. 信托具有资产以及风险隔离的功能

在信托的作用中，我们就提到信托计划因为财产所有权的转变，所以可以和企业经营风险进行隔离，因此信托在企业或者家庭遭遇债务危机的情况下，可以起到风险阻断的作用。

4. 信托具有保密性

根据《信托法》的规定，受托人对委托人、受益人以及处理信托事务的情况和资料负有依法保密的义务。因此，信托计划具有保密性，受益人彼此之间并不了解分配的具体金额和方式，信托机构也无须披露信托计划给每个受益人。

虽然信托具有很多优点，但信托的缺点也非常突出，主要包括以下四个方面：

1. 家族信托的门槛和维护成本较高

目前国内大部分信托机构的家族信托计划的设立金额都是1000万元以上且以现金资产为主。同时，家族信托在管理过程中需要委托法律、财务、投资领域的专家进行共同运营管理，因此所需要的维护成本费用较高。目前国内暂未开征遗产税，被继承人通过遗嘱形式进行财产的传承，所缴纳的税费和投入的成本较低。信托计划因为无法享受直系亲属之间的税收优惠，若涉及股权、房产等财产的转让交割，需要缴纳较高昂的过户费用。

2. 信托财产的所有权不再属于被继承人或者继承人

信托的本质就是委托人将财产委托给受托人，财产的所有权进行转移。同时，该财产的所有权并未转移至继承人名下，而是归属于信托计划或受托人所有。因此，对于大部分中国人而言，信托的本质就违背了中国传统意义上的继承概念，这也是信托产品在中国难以推广的原因之一。在张兰的家族信托中，张兰就认为已经转移所有权的信托财产仍然属于她的个人财产，她仍然希望对财产进行控制和管理，所以最终被法院认定为信托失败，信托计划的风险隔离失效，而最终被债权人申请债务执行。

因此，若被继承人无法接受信托财产所有权转移至信托计划或信托机构名下，被继承人就不适合采用信托方式进行财富传承。被继承人需要对信托计划具有足够的了解和信任后，才可以通过信托的形式进行财富传承。

3. 信托财产的管理极度依靠于受托人的管理能力和品行

在鲁南制药的信托传承案例中，赵志全出于对受托人的信任，多次将信托财产登记或转移至受托人的亲属名下，且未委托第三人进行监督，最终导致传承失败。古往今来，信托传承失败的案例比比皆是。信托的传承极度依靠于受托人的管理能力和品行，还依靠于受托机构本身的专业、可靠、敬业以及稳定。虽然根据信托的概念和相关法律规定，信托财产需要进行独立管理，委托人有权撤销受托人的违规行为，但在实践操作中，若真的出现所托非人的情形，继承人由于对信托计划缺乏了解

（信托具有保密性），所以也无法对受托人进行追责和追偿。

4. 信托计划一旦执行便难以更改

企业的经营需要根据行业形势、政策因素、发展情况等及时进行全方位的调整和变动，而信托计划在委托人去世之后则将难以进行更改和变动。香港明星梅艳芳去世之前，曾为母亲设立信托基金，每月给母亲支付定额生活费。但是其母亲对信托计划的分配不满，多次起诉信托基金要求进行财产分配，在支付高额的诉讼费以及律师费后，梅艳芳信托基金的财产越来越少，最终不得已陆续出售梅艳芳生前的住宅用以还债。虽然梅艳芳母亲因为固执己见坚持诉讼，导致欠下巨额诉讼费和律师费，但是也可以发现信托缺乏灵活性，在执行过程中需要遵守固有的规则，一旦被继承人去世，规则就成为定势难以进行更改。结合企业的经营情况，若被继承人明确要求企业资产、股权不得进行出售，即使企业经营已经连年亏损，信托计划也无法更改信托规则，如此便会陷入一个死循环。因此，相比于继承人直接接手遗产或直接接手企业管理的灵活可控，信托计划则相对死板，需要原封不动地执行被继承人的意志和要求。

综上所述，家族信托作为财富传承中最受推崇的金融工具，具有一定的作用和优点，但也具有一定的缺点。因此，若企业传承或财富传承中需要使用信托计划的话，要合理规划信托计划，全面设定信托方案，规避法律风险，降低税务成本。

财富传承金融工具之保险

保险，是指投保人根据合同约定，向保险人支付保险费，保险人对于合同约定的可能发生的事故因其发生所造成的财产损失承担赔偿保险金责任，或者被保险人死亡、伤残、疾病或者达到合同约定的年龄、期限等条件时承担给付保险金责任的商业保险行为。保险是财富传承中使用最为广泛的金融工具之一，本节将从保险的类型、保险的作用、保险的优缺点三个方面为大家进行简单的介绍。

一、保险的类型

1.人身保险

人身保险可以分为人寿保险、健康保险和意外伤害保险，其中用于财富传承的保险主要是指人寿保险中的寿险、年金保险和理财型保险。

人寿保险是指以被保险人的寿命为保险标的，以被保险人在保险期间内的生存或死亡为给付保险金条件的一种人身保险。具体类型如下：

（1）定期寿险与终身寿险：属于传统保险，以被保险人在保险期间内死亡为保险金赔付条件，具有一定的杠杆作用，有较强的储蓄功能。

（2）生存保险：属于传统保险，以被保险人在保险期间内仍然生存为给付保险金条件，一般被称为"年金保险"。年金保险可以用于养老保障或为家庭、子女提供一定财富支持。

（3）两全保险：是指无论被保险人生存或者死亡，都可以领取相应保险金。因此，两全保险既保障被保险人生存期间的利益，也可以保障受益人的利益。

2. 分红型保险

分红型保险是指被保险人在获得保险金的同时，保险公司将其保险收益按照一定比例定期向投保人或保险单持有人支付分红的保险。

3. 万能保险

万能保险兼具人寿保险与投资理财功能。投保人购买万能保险后，由保险公司进行投资理财管理，投保人享受一定收益。

4. 投资型保险

投资型保险是指保险单在提供保险保障同时进行风险投资，但投资收益没有最低保障，保险单价值随投资账户变化而变化。

二、保险的作用

保险的作用主要如下：

1. 资产隔离与保护

保险可以和信托一样，在家族财富与企业经营间建立风险隔离墙，避免因为企业经营风险而影响家族财富传承。同时，人身保险具有将婚前财产与婚后财产进行隔离的作用。但是需要注意的是，部分人寿保险在保险人存在失信以及负债等情况时，也是可以进行执行和债务清偿的。

2. 税务筹划

根据《个人所得税法》的规定，个人所得的保险赔款免于缴纳个人所得税。因此，在人寿保险中所得的身故保险金不需要缴纳个人所得税，但分红保险中的红利和利息需要缴纳税款。

因此，传承人可以通过人寿保险单指定受益人，在被保险人去世后，保险理赔金归属于受益人所有，不属于被保险人遗产。这样即使后续征收遗产税，保险理赔金也不会被认定为遗产，被保险人的继承人不会因为"继承遗产"而缴纳高额遗产税。

3. 具有资金融通的功能

根据《中国人民银行关于人寿保险中保单质押贷款问题的批复》（银复〔1998〕194号）的规定，已签发的寿险保险单可以办理保险单质押贷款。因此，大部分保险单在满足保险合同约定条件下都可以进行贷款，具有资金融通的功能。

三、保险的优缺点

保险的优点主要如下：

1. 具有杠杆效应

保险可以产生其他金融工具无法达到的一个效果，那就是杠杆效应。被继承人购买的人寿保险，在未来某个时点其身故之时，保险公司需要根据保险情况支付数倍于保费的保险金。在这种情况下，投入资金产生了一个杠杆的放大效应。

2. 相对便捷

保险在分配的时候由保险公司直接向受益人赔付保险金，而遗嘱在执行的时候需要办理继承权公证，若继承人之间存在纠纷的，则很有可能要对簿公堂，而诉讼过程会非常耗时耗力。因此，两者相比，保险会相对便捷。

3. 具有税收优势

人寿保险目前可以享受个人所得税减免政策，而且因为保险理赔金不属于遗产范围，后续也无须再缴纳遗产税，具有一定的税收优势。

4. 具有保密性

保险单可以分开投保，分开继承，受益人互相之间对保险单内容无从知晓，保险公司在给付保险金的时候也只需要通知被保险人或受益人，其他继承人对此并不知晓，因此既具有保密性，也可以减少财富传承可能引发的争端。

保险的缺点主要如下：

1. 保险受益人范围限于直系亲属

根据保险规则，保险单中需要写明受益人的姓名以及亲属关系，因此大部分保险单都限于特定的法律关系，一般为配偶、子女、父母等直系亲属关系。

2. 保险单的理赔风险

根据保险规则，部分保险单保险公司有权拒赔。若存在投保人在投保时未如实陈述或存在恶意隐瞒，或者投保人在投保后两年内自杀等相关情形的，保险公司有权根据保险条款或法律规定拒绝赔偿。

3. 对投保人的年龄和身体状况存在一定限制

根据法律规定，投保人需是完全民事行为能力人（通常指18周岁以上的成年人。16周岁以上不满18周岁的公民，以自己的劳动收入为主要生活来源的人，视为完全民事行为能力人）。同时，部分保险对投保人的身体状况、健康情况也有一定的要求。

4. 投保的资产相对单一

大部分保险单只能以现金进行投保，在后续给付时也只能以现金形式进行。因此，对于传承人所需传承的其他资产，如企业股权、房产、艺术品等，无法通过保险形式进行传承。

综上所述，保险作为财富传承中运用最为广泛的金融工具之一，具有一定的作用和优点，但也具有一定的缺点。因此，在企业传承或财富传承中，对于现金资产可以通过保险的形式进行传承。目前保险公司和信托公司联合推出了保险金信托产品，将保险以及信托的优势进行结合，从而达到更好的财富传承效果，已成为财富传承中的重要工具和方式。

财富传承金融工具之家族办公室

家族办公室是近几年财富传承中最为流行的一种管理形式，本节将从家族办公室的起源和概念、家族办公室的类型两个方面为大家进行简单的介绍。

一、家族办公室的起源和概念

家族办公室是专门为超高净值家族提供全方位财富管理和家族服务，以使其资产的长期发展符合家族的预期和期望，并使其资产能够顺利进行代际传承和保值增值的机构。

1882 年，美国标准石油公司创始人约翰·洛克菲勒成立了第一个家族办公室，为其家族提供有关财富传承、慈善事业、公司业务管理等一系列服务，这些服务涉及财务、法务、金融、投资等各个领域。经过上百年发展，家族办公室已经衍生出多种组织形态和服务方式。中国改革开放后，经济迅速发展，富豪群体的人数也逐渐增多，家族办公室也在中国的财富传承中发挥了重要作用。

目前，家族办公室可以分为单一家族办公室（仅为一个家族提供服务）和联合家族办公室（可为多个家族提供服务）。一些超高净值人群，比如马云、蔡崇信、王思聪、张勇等都设立了私人的家族办公室（单一家族办公室）。单一家族办公室主要为家族提供单独服务，更具有隐私性和独立性，更能够执行传承人的想法和意志。同时，家族办公室作为财富管理中的核心部门，可以承担包括税务、法律、健康、教育、医疗、慈善等在内的一切相关事务，也可以为家族处理敏感事件，例如起草婚前协议或离婚协议，起草家族宪章等。同时，目前市场上更多的是联合家族办公室，可以为多家企业或多个传承人同时提供相应服务，但一般仅提供资产传承服务，不再处理家族中的其他特殊事项。

二、家族办公室的类型

家族办公室主要有以下三类：

1. 专业机构设立：由私人银行、信托公司、税务公司或律所等联合机构、财富管理机构所设立的家族办公室。其中私人银行在近年来设立的家族办公室较多，其业务可以从传统的银行理财业务扩展到多样化的财富管理业务，同时银行拥有高质量的客户群体，比较容易开展家族办公室业务。信托公司可以基于其信托产品为客户提供家族办公室服务。部分税务公司或律所等会联合设立家族办公室或私人财务研究院，为相应客户提供家族办公室服务。

2. 独立团队设立：由独立理财师、保险代理人等设立的小型家族办公室，主要以销售其擅长的产品为主，缺乏牌照和资源优势，难以提供长期的家族办公室服务，但可以提供前期孵化阶段的咨询服务。

3. 家族自行设立：由超高净值企业家自行设立或由家族成员主导设立，并聘请相应职业经理或专业人士提供服务的家族办公室。该家族办公室具有较高的私密性和执行能力，但运营和维护成本较高。

　　家族办公室作为中国财富传承中的新兴事物，能够为超高净值人群提供更为精准和全面的服务，但是所需投入的资金也更为昂贵。传承人在进行财富传承的过程中，需要对信托、保险、投资、私人银行、家族办公室等金融工具有一定了解，并进行合理的定位和匹配，不是单一地适用某种金融工具，而是可以结合各工具的优势进行联合使用，如此才能够使家族资产长富久安。

　　但遗产并不仅仅是物质财富，也包括家风家教等精神财富。德行传家代代存，良好的家风家教才是传承人给予继承人、给予后代最宝贵的财产。家族办公室最大的优势，就是可以按照家族创始人的意愿，为家族建立家族宪章、家风家德等精神财富及其运行模式。

《曹律师谈传业》结语——人生七年 [1]

2017 年 6 月，我的第一个宝宝——火箭出生了，人生从此多了一份喜悦、欢欣、自豪，但是也平添了牵挂、担心、焦虑。

2018 年 1 月，我转所至浙江六律律师事务所。同年 7 月，在周建平主任的鼓励下，我开始创作专栏《曹律师谈创业》，专栏分为二十期，主要针对创业期间企业常见的法律纠纷和困惑进行讲解，一经推出，备受好评。

2020 年 8 月，我开始创作专栏《曹律师谈守业》，专栏分为十五期，主要讲解企业守业阶段的经营风险以及股权架构搭建等常见法律问题。因为受到疫情的影响，守业专栏断断续续写了接近两年时间。

2023 年 2 月，我的第二个宝宝——草莓出生了，生活一下子开始一分为二，生活与工作，儿子与女儿，享受幸福生活的同时，也感受着奔波和忙碌。

2023 年 8 月，我开始创作专栏《曹律师谈传业》，专栏分为十五期，主要讲解企业的传承以及规划等常见法律问题，并且收录了较多知名企业的传承案例。

2024 年 6 月，《创业·守业·传业——企业经营之法律指引》一书开始筹备出版印刷工作。创业、守业、传业，其实和人生旅程、养育孩子的历程都非常相似，每一家企业都是每一位创业者的孩子，可以一直陪着企业成长、发展直至传承，是每一位企业

---

[1]　本文写于 2024 年 6 月。

家最本质的追求和愿望。

2017 年 6 月至 2024 年 6 月，人生七年，每一天都是创业的第一天，每一天都是法律人努力的新一天，每一天都是人生奋斗的新旅程。

很多人说，创业是九死一生。七年间我服务了上百家常年法律顾问单位，陪伴着许多企业从创业初期走到发展壮大，既见证了许多企业融资、收购、上市的高光时刻，也看到部分企业因为疫情的影响、行业的式微而遗憾离场。

很多人说，创业容易守业难。市场经济的不断变化、世界格局的不断调整、疫情的不断冲击，让很多企业在生存与发展中面临两难的境地。法律是企业合规经营的底线，也是企业风险防范的防火墙，企业在经营过程中尽早建立合规体系、构建法律护城河，有助于企业走得更稳、更远。

很多人说，大部分企业的寿命只有三年，能够传承的企业更是凤毛麟角。我们发掘了古往今来很多具有传承代表性的企业和家族，希望这些传承故事可以给大家以启迪和思路。

传承，不仅仅是企业的传业，也是家族的延续，更是文化精神的传递。

最后，衷心地祝愿企业家们创业顺遂，守业有成，传业胜利！

附 录

杭州某某有限公司章程（参考版本）[1]

第一章　总则

第一条　为规范公司的组织和行为，维护公司、股东和债权人的合法权益，根据《中华人民共和国公司法》（以下简称《公司法》）和有关法律、法规规定，结合公司的实际情况，特制定本章程。

第二条　公司名称：杭州 ×× 有限公司。

第三条　公司住所：【　】。（根据实际情况填写）

第四条　公司在杭州市 ×× 区市场监督管理局登记注册，公司经营期限为长期[2]，自公司登记机关核准登记之日起计算。

第五条　公司为有限责任公司。实行独立核算、自主经营、自负盈亏。股东以其认缴的出资额为限对公司承担责任，公司以其全部资产对公司的债务承担责任。

第六条　公司坚决遵守国家法律、法规及本章程规定，维护国家利益和社会公共利益，接受政府有关部门监督。

第七条　本公司章程对公司、股东、董事长、董事、监事、高级管理人员均具有约束力。

第八条　本章程由全体股东共同订立，在公司注册后生效。

---

[1]　本参考模版适用于设立董事会以及监事的有限责任公司，具体约定应当根据企业实际情况进行调整。

[2]　企业经营期限一般为十年以上，也可以为长期。

第二章　公司的经营范围

第九条　本公司经营范围[1]为：【　】。（以公司登记机关核定的经营范围为准）

第三章　公司注册资本

第十条　本公司认缴注册资本为【　】万元。

第四章　股东的名称（姓名）、出资方式及出资额和出资时间

第十一条　公司由三个股东投资：

股东一：

法定代表人姓名：

法定地址：

以货币方式认缴出资【　】万元，占注册资本的【　】%，将在【　】年【　】月【　】日前足额缴纳[2]。

股东二：

法定代表人姓名：

法定地址：

以货币方式认缴出资【　】万元，占注册资本的【　】%，将在【　】年【　】月【　】日前足额缴纳。

---

[1]　企业经营范围应当根据企业实际经营需要进行申请，部分经营范围需要进行前置审批的应当先进行审批。

[2]　根据新《公司法》的规定，股东认缴的出资应当在五年内进行缴纳。若公司设立存在资金需要的，可以分期缴纳，应当明确分期缴纳的时间以及金额，避免产生争议。

股东三：

法定代表人姓名：

法定地址：

以货币方式认缴出资【 】万元，占注册资本的【 】%，将在【 】年【 】月【 】日前足额缴纳。

股东以非货币方式出资的，应当依法办妥财产权的转移手续[1]。

第五章　公司的机构及其产生办法、职权、议事规则

第十二条　公司股东会由全体股东组成，股东会是公司的权力机构，依法行使《公司法》第五十九条规定的第 1 项至第 9 项职权，还有职权[2]为：

10. 对公司为公司股东、实际控制人、其他企业或前述主体以外的任何主体提供担保作出决议；

11. 对公司直接或间接向公司股东、实际控制人、董事、监事、高管、其他任职人员或前述主体以外的任何主体提供借款作出决议；

12. 对公司向任何第三方承担债务或者提供财政援助作出决议；

13. 对公司向其他企业、关联方投资或购买理财、股票等投

---

[1]　大部分企业的股东出资方式均为货币，若以知识产权、土地房产等进行出资的，应当及时办理资产评估以及所有权转移手续。

[2]　公司可以根据股东会实际需要规范股东会职权，除了《公司法》所规定的法定职权外，股东会作为公司最高管理机构，可以对公司其他重要事项进行管理。

资行为作出决议；

14. 对公司当年累计超过【 】万元人民币以上的任何对外支出作出决议[1]；

15. 对公司以任何方式出售或转让公司的重大资产或重要业务作出决议；

16. 对选任及变更财务负责人作出决议；

17. 对变更、修改公司公章、证照、法定代表人人名章、财务印鉴、U盾、会计账簿、资金支出等事宜的管理人员及制度作出决议；

18. 对公司进行任何将导致公司清算、停业（自愿或非自愿）或者终止经营的事项作出决议；

19. 对公司聘用、解聘承办公司审计业务的会计师事务所作出决议，但公司章程中另有规定监事及股东有权单独委托会计师事务所的除外。

对前款所列事项股东以书面形式一致表示同意的，可以不召开股东会会议，直接作出决定，并由全体股东在决定文件上签名、盖章。

第十三条　股东会的议事方式

股东会以召开股东会会议的方式议事，法人股东由法定代表人参加，自然人股东由本人参加，因事不能参加可以书面委托他人参加。

股东会会议分为定期会议和临时会议两种：

---

[1] 该金额可以结合公司实际情况进行约定和明确。

1. 定期会议

定期会议一年召开一次，时间为每年三月召开[1]。

2. 临时会议

代表十分之一以上表决权的股东，三分之一以上的董事，监事提议召开临时会议的，应当召开临时会议。

第十四条　股东会的表决程序

1. 会议通知

召开股东会会议，应当于会议召开十五日以前通知全体股东。

2. 会议主持

股东会会议由董事会召集，董事长主持，董事长不能履行或者不履行召集股东会会议职责的，由半数以上董事共同推举一名董事主持。

董事会不能履行或者不履行召集股东会会议职责的，由监事召集和主持，监事不召集和主持的，代表十分之一以上表决权的股东可以召集和主持。股东会的首次会议由出资最多的股东召集和主持，依照《公司法》规定行使职权。

3. 会议表决[2]

股东会会议由股东按出资比例行使表决权，股东会每项决议需代表多少表决权的股东通过规定如下：

（1）需经过代表三分之二以上表决权的股东通过并盖章、

---

[1]　建议公司明确股东会召开次数以及时间。

[2]　公司有权对会议表决情况以及表决权行使情况进行约定，合理的约定将有利于公司的管理。

签字的事项：

【1】公司增加或减少注册资本、分立、合并、解散和清算以及变更公司形式；

【2】修改公司章程；

【3】公司为公司股东、实际控制人、其他企业或前述主体以外的任何主体提供担保；

【4】公司直接或间接向公司股东、实际控制人、董事、监事、高管、其他任职人员或前述主体以外的任何主体提供借款；

【5】向任何第三方承担债务或者提供财政援助；

【6】公司的对外投资行为，如公司向其他企业或个人进行投资、购买理财、股票等全部对外投资行为；

【7】以任何方式出售或转让公司的重大资产或重要业务；

【8】选举及变更财务负责人，符合本章程第二十四条约定的委派人员要求的；

【9】选举和更换公司董事、监事，决定有关董事、监事的报酬事项；

【10】变更公司公章、证照、法定代表人人名章、财务印鉴、U盾、会计账簿、资金支出等事宜的管理人员及制度；

【11】通过或修改公司年度预算、年度决算、年度商业计划或年度财务计划；

【12】审议批准利润分配方案和弥补亏损的方案，修改利润分配比例；

【13】任何将导致公司清算、停业（自愿或非自愿）或者终止经营的事项；

【14】每年度公司对外累计超出【 】万元人民币以上的支出。

（2）股东会的其他决议必须经代表二分之一以上表决权的股东通过。

4. 会议记录

召开股东会会议，应详细做好会议记录，出席会议的股东应当在会议记录上签名。

第十五条　公司设立董事会[1]，由非职工代表担任，经股东会选举产生。董事会是公司经营决策机构，也是股东会常设权力机构。董事会成员为3人，分别由三名股东各推选1人，其中设董事长1人，由董事会选举产生，任期不得超过董事任期，但连选可以连任。

第十六条　董事会对股东会负责，依法行使《公司法》第六十七条规定的第1项至第10项职权[2]，还有职权为：

11. 选举和更换董事长；

12. 聘任及解聘公司会计、出纳。

第十七条　董事每届任期三年，董事任期届满，经股东会选举可以连选连任。董事任期届满未及时改选，或者董事在任期内辞职导致董事会成员低于法定人数的，在改选出的董事就任前，原董事仍应当依照法律、行政法规和公司章程的规定，履行董事职务。

第十八条　董事会的议事方式

董事会以召开董事会会议的方式议事，董事因事不能参加，

---

[1]　公司可以对董事会的人选选举方式进行约定。
[2]　公司可以对董事会的职权进行约定。

可以书面委托他人参加。非董事经理、监事列席董事会会议，但无表决资格。

董事会会议分为定期会议和临时会议两种：

1. 定期会议

定期会议一年召开一次，时间为每年三月召开。

2. 临时会议

三分之一以上的董事可以提议召开临时会议。

第十九条　董事会的表决程序

1. 会议通知

召开董事会会议，应当于会议召开十日以前通知全体董事。

2. 会议主持

董事会会议由董事长召集和主持，董事长不能履行职务或者不履行职务的，由副董事长召集和主持，副董事长不能履行职务或者不履行职务的，由半数以上董事共同推举一名董事召集和主持。

3. 会议表决

董事按一人一票行使表决权，董事会每项决议均需经全体董事通过 [1]。

4. 会议记录

召开董事会会议，应详细做好会议记录，出席会议的董事必须在会议记录上签字。

第二十条　公司设总经理，由董事会聘任或解聘，依法行

---

[1]　公司可以对董事会会议表决权进行约定。

使《公司法》第七十四条规定的职权[1]。

第二十一条　公司不设监事会，设监事1人，由非职工代表担任，经股东会选举产生。

第二十二条　监事任期每届三年，监事任期届满，可以连选连任。监事任期届满未及时改选，或者监事在任期内辞职的，在改选出的监事就任前，原监事仍应当依照法律、行政法规和公司章程的规定，履行监事职务。

董事长、董事、高级管理人员不得兼任监事。

第二十三条　监事[2]对股东会负责，依法行使《公司法》第七十八条规定的第1项至第6项职权，还有职权为：

7. 监事有权查阅公司会计账簿、会计凭证（含原始凭证和记账凭证）、财务会计报告、公司银行流水等财务资料，公司应于每月月底向监事提供当月财务报表，并配合监事提供前述材料；

8. 监事有权单独委托会计师事务所对公司财务进行审计。

监事可以列席董事会会议，并对董事会决议事项提出质询或者建议。监事发现公司经营情况异常，可以进行调查；公司应于每月月底向监事提供当月财务报表，并配合监事行使职权，及时提供公司会计账簿、会计凭证（含原始凭证和记账凭证）、财务会计报告、公司银行流水等财务资料；监事可以单独委托、聘请会计师事务所对公司财务进行审计，费用由公司承担。

---

[1]　《公司法》中对经理的职权规定较少，公司有权根据情况对经理的职权进行明确约定和补充约定。

[2]　监事属于公司重要管理岗位，公司有权根据情况对监事的职权进行明确约定和补充约定。

第二十四条　公司财务负责人由股东【　】负责委派人员担任，经股东会选举产生[1]。公司账户U盾由财务负责人保管，公司对外支出均须经过财务负责人签字审批。

第六章　公司的股权转让

第二十五条　公司的股东之间可以相互转让其全部或者部分股权。

第二十六条　股东向股东以外的人转让股权，应当经其他股东过半数同意。股东应就其股权转让事项书面通知其他股东征求同意。

第二十七条　本公司股东转让股权，应当先召开股东会，股东会决议应经全体股东一致通过并盖章、签字。如全体股东未能取得一致意见，则按本章程第二十七条、第二十八条的规定执行。

第二十八条　公司股权转让的其他事项按《公司法》第八十四条至第八十九条规定执行。

第七章　公司的法定代表人

第二十九条　公司的法定代表人由董事长担任[2]。

第三十条　公司公章、合同章、营业执照由法定代表人保管，前述物品需经过财务负责人审批方可使用。

---

[1]　公司有权对财务负责人的委派进行约定，以便进行股东权力的平衡和制约。

[2]　公司有权约定法定代表人的任职人选，根据新《公司法》规定，公司董事、经理均可以担任法定代表人。

第八章　公司年度支出限额及利润分配方案

第三十一条　每年度公司对外支出累计不得超过【　】万元，累计超过【　】万元后的支出需经过股东会决议通过[1]。

第三十二条　在符合《公司法》第二百一十条规定的情况下，公司每年应按照股东一【　】%、股东二【　】%、股东三【　】%的比例，向股东分配利润[2]。公司在作出利润分配方案后，应在三个月内向股东完成利润分配。

公司应于每一年度结束后二个月内召开股东会会议，按照前述利润分配比例作出决议，未及时召开股东会会议，则视为全体股东一致同意按照公司章程约定进行利润分配，公司应于每一年度结束后三个月内完成利润分配。

第九章　股东知情权及财务审计

第三十三条　各股东有权在会计师、律师等中介机构执业人员辅助下，查阅、复制公司章程、股东会会议记录、董事会会议决议、监事会会议决议（如设置监事会）和财务会计报告、会计账簿、会计凭证（含原始凭证和记账凭证）、公司全部银行流水等财务资料。公司应当在股东提出查阅、复制请求之日起十日内配合提供相应材料[3]。

第三十四条　每一会计年度结束后，公司应召开股东会，

---

[1]　公司股东对公司开支有要求的，可以明确约定公司开支金额以及重大支出的决议方式。

[2]　公司有权根据情况约定分红方式以及分红比例，分红比例可以与股权比例不一致。

[3]　公司有权对股东审查公司财务情况进行明确约定，以避免分歧。

由股东会决议聘请会计师事务所进行审计，并于每一会计年度结束后二个月内，将审计报告送交各股东。

第三十五条 每一会计年度结束后的二个月内，公司未能通过股东会决议聘请会计师事务所进行审计的，各股东均有权单独委托、聘请会计师事务所对公司财务进行审计，公司应于收到通知之日起十五日内提供相应审计材料。

第十章 附则

第三十六条 本章程原件每个股东各持一份，送公司登记机关一份，公司留存三份。

有限公司全体股东

法人（含其他组织）股东盖章：
自然人股东签字：
日期： 年 月 日

股东合作协议（参考版本）

本协议由下列各方于【 】年【 】月【 】日在【 】签署：

甲方：【 】

身份证号：

住址：

联系电话：

乙方：【 】

身份证号：

住址：

联系电话：

丙方：【 】

法定代表人：

住所地：

联系电话：

上述任何一方单独称为"一方"，合称为"各方"或"各发起人"。

各方本着互利互惠、共同发展的原则，经友好协商，就关于投资【 】公司的相关事宜达成一致，并订立本协议。

一、公司宗旨与经营范围

1. 本公司的名称为：【 】（公司名称以公司登记机关核准的为准）

2. 本公司的住所为：【 】

3. 本公司的组织形式为：有限责任公司

4. 本公司的经营范围为：【 】

以上信息最终以工商机关登记为准。

二、公司出资情况

公司注册资本为人民币（RMB）【 】万元整，其中：

姓名 / 名称	认缴出资额 / 元	首期出资额 / 元 [1]	出资比例	出资形式

协议各方须按期足额缴纳各自认缴的出资额。公司名称预先核准登记后，应当在【 】天内到银行开设公司临时账户。股东以货币出资的，应当在公司临时账户开设后【 】天内，将货币出资足额存入公司临时账户。股东以实物出资的，须提供评估证明文件，并依法办理财产权的转移手续。协议各方均承诺股东合作协议项下的资产权属清楚，不存在任何形式的抵押、担保或涉及第三者权益等法律障碍。

---

[1] 本参考模版适用于设立董事会以及监事的有限责任公司，具体约定应当根据企业实际情况进行调整。

三、发起人的权利、义务

1.公司成立后，各方依照《公司法》及公司章程享有相应的股东权利并承担相应的股东责任。

2.各方均须按本协议约定支付所认缴的注册资本。发起人未能按照本协议约定按时缴纳出资的，除向本公司补足其应缴付的出资外，还应对其未及时出资行为给其他发起人造成的损失承担赔偿责任。

3.发起人各方不得弄虚作假以侵占公司及其他各方资产。否则，除应当向公司返还其侵占的全部资产外，还应向其他发起人承担违约责任，构成犯罪的，依法追究刑事责任。

4.协议各方在发起公司设立过程中，故意或过失侵害公司利益的，应向公司或其他出资人承担赔偿责任。

5.在发起公司续存期间，协议各方不得与其他企业、公司或其他组织机构、个人进行相关合作，不得从事与发起公司构成同业竞争的其他业务。

四、筹备、设立与费用承担

1.在本公司设立成功后，同意将为设立本公司所发生的全部费用列入本公司的开办费用，由成立后的公司承担。

2.在本公司不能成立时，同意对设立行为所产生的债务和费用支出按各发起人的出资比例进行分摊。

五、发起人各方的声明和保证

本发起人协议的签署各方作出如下声明和保证：

1. 发起人各方均为具有独立民事行为能力的自然人 / 法人，并拥有合法的权利或授权签订本协议。发起人各方投入本公司的资金，均为各发起人所拥有的合法财产。

2. 发起人为法人的，则本次股权投资行为已获得公司内部所需程序的批准或通过。

3. 发起人各方向本公司提交的文件、资料等均是真实、准确和有效的。

六、股东会、董事会、监事会 [1]

1. 股东会由全体股东共同组成，由董事会负责召集。股东会的职权按《公司法》和公司章程的规定行使。

2. 公司不设董事会，设执行董事一名。执行董事是公司法定代表人。每届任期三年，任期届满，连选可以连任。

3. 公司不设监事会，设监事一名，由甲方负责推荐。监事的任期每届为三年，监事任期届满，连选可以连任。

七、发起公司未能设立情形

1. 发起公司有下列情形之一的，可以不予设立：

（1）发起公司未获得工商管理部门的批准；

（2）协议各方一致决议不设立公司；

（3）出资人违反出资义务，导致公司不能设立的；

（4）因不可抗力事件致使公司不能设立的。

---

[1] 公司股东可以根据实际情况决定公司管理结构，有关股东会、董事会、监事会的职权可以参见公司章程。

2. 发起公司不能设立时，出资人已经出资的，应予以返还。对公司不能设立负有责任的出资人，必须承担完相应法律责任，才能获得返还的出资。

八、保密责任 [1]

1. 协议各方在合作过程中应严格保守对方的商业秘密。本处所指商业秘密包括但不限于甲乙双方在合作中所涉及的、提供的、签署的全部资料、信息，在合作过程中所产生的任何新信息、新文件以及其他具有保密性的信息，无论是书面的、口头的、图形的、电磁的或其他任何形式的信息。协议各方承诺不得因自身原因泄露对方商业秘密而使对方商业信誉受到损害，并确保不会将该信息用于执行或履行其在本协议中的权利或义务之外的其他目的。

2. 本保密条款的效力不因本协议的终止而终止。

九、本协议的解除

当发生下列情形时，本协议可解除：

1. 发生不可抗力事件。不可抗力事件是指不能预见、不能避免并不能克服的客观自然情况。

2. 协议各方协商一致同意解除本协议，并已就协议解除后的善后事宜作出妥当安排。

---

[1] 公司设立初期的保密责任非常重要，若有竞业限制约定的，股东也可以补充约定竞业限制条款。

十、违约责任

各发起人均应按照本协议的约定履行各自的义务，如存在违约行为的，应按照首期股东全部认缴出资金额的 20% 向全体守约方支付违约金，因违约行为造成守约方损失超出违约金的，守约方有权就损失超出违约金部分向违约方主张。

十一、争议的解决

履行本协议过程中，协议各方如发生争议，可协商解决，如协商不成，任何一方均可向公司所在地人民法院起诉，因争议解决产生的诉讼费、律师费、财产保全及担保服务费、差旅费、鉴定费、公证费等均由败诉方承担。

十二、协议的生效

1.本协议一式叁份，协议各方各执壹份，自协议各方签字或盖章后生效。

2.本协议于【 】年【 】月【 】日由协议各方在【 】签署。

十三、其他

1.发起公司的具体管理体制由发起公司章程另行予以规定，协议各方同意按照公司章程规定履行各自的权利义务。

2.本协议要求协议各方发出的通知或其他通讯，应用中文书写，并用专人递送、信函或传真发至其他方在本协议首部所列地址，协议各方地址如有改变，应提前 7 天书面通知其他方，否则仍以变更前的地址为有效的送达地址，法院、仲裁文书按照上述送达的，视为有效送达。

3. 若根据任何法律法规，本协议的任何条款或其他规定无效、不合法或不可执行，则只要本协议筹划交易的经济或法律实质未受到对任何一方任何形式的严重不利影响，本协议的所有其他条款和规定仍应保持其全部效力。

4. 本协议未尽事宜，协议各方应遵循诚实信用、公平合理的原则协商签订补充协议，以积极的作为推进发起公司的设立工作。

（以下无正文）

（本页无正文，为股东合作协议之签署页。）

甲方（签字）：

日期：　　年　　月　　日

乙方（签字）：

日期：　　年　　月　　日

丙方（盖章）：

授权代表（签字）：

日期：　　年　　月　　日

劳动合同（参考版本）[1]

甲方（用人单位）名称：＿＿＿＿＿＿＿＿＿＿＿＿

地址：＿＿＿＿＿＿＿＿＿＿＿＿＿＿＿＿＿＿＿

法定代表人（或主要负责人）：＿＿＿＿＿＿＿＿

乙方（劳动者）姓名：＿＿＿＿＿＿性别：＿＿＿＿＿

居民身份证号码：＿＿＿＿＿＿＿＿＿＿＿＿＿＿

有效通讯地址：＿＿＿＿＿＿＿＿＿＿＿＿＿＿＿

手机号码：＿＿＿＿＿＿＿＿＿＿＿＿＿＿＿＿＿

电子邮箱：＿＿＿＿＿＿＿＿＿＿＿＿＿＿＿＿＿

紧急状态联系人及联系电话：＿＿＿＿＿＿＿＿＿

上述载明的地址可作为送达书面通知、法院送达诉讼文书等的地址，因载明的地址有误或未及时告知变更后的地址，导致相关通知及诉讼文书等未能实际被接收的，邮寄送达的相关通知及诉讼文书退回之日即视为送达之日。上述载明的手机号码、电子邮箱可作为甲方与乙方传输电子信息及电子文件的指定途径。

根据《中华人民共和国劳动法》《中华人民共和国劳动合同法》等法律、法规、规章的规定，在平等自愿，协商一致的基础上，同意订立本劳动合同，共同遵守本合同所列条款。

---

[1] 本版本适用于公司与劳动者的劳动关系模式，若用工性质为劳务用工、退休返聘、兼职等形式的，建议根据具体形式进行签署。其他用工形式需要避免约定公司规章制度的条款，以避免被认定为劳动用工形式。

一、劳动合同类型及期限

劳动合同类型及期限按下列第【】项确定。

1. 固定期限：自【】年【】月【】日起至【】年【】月【】日止[1]。

2. 无固定期限：自【/】年【/】月【/】日起至法定的解除或终止合同的条件出现时止。

3. 以完成一定工作为期限：自【】年【】月【】日起至工作任务完成时止。

二、合同的试用期规定

1. 双方约定，乙方的试用期为【】个月[2]，试用期自【】年【】月【】日起至【】年【】月【】日止。

2. 双方约定试用期的[3]，则在试用期内，若乙方被证明不符合录用条件的，甲方有权解除劳动合同。以下情形出现，即视为不符合录用条件：

（1）乙方的条件与甲方招聘的职位要求不相符；

（2）乙方在试用期内旷工或者因公外游、请假期满无正当理由逾期不归超过一个工作日的；

（3）乙方违背诚实信用原则，向甲方提供虚假个人信息或隐瞒应当告知甲方的重要信息；

---

[1] 大部分合同期限为固定期限，固定期限并非必须以年作为单位，公司可以根据实际情况进行优化约定。

[2] 公司约定试用期的，应当注意符合《劳动合同法》的具体要求。

[3] 建议公司对员工试用期情况进行明确约定并制定试用期考核方案。

（4）乙方未通过试用期考核，考核标准以新员工试用期考核要求为准；

（5）其他试用期内违反甲方工作纪律，包括但不限于客户对乙方投诉或违反甲方正常工作安排等；

（6）试用期内严重违反甲方员工手册中规章制度或给公司造成超过【 】元损失的 [1]；

（7）其他双方约定的不符合录用条件的情形。

三、工作内容、工作地点及要求

1. 双方约定乙方为：【 】岗位，工作地点：【 】。乙方同意，本合同有效期内，甲方有权根据甲方经营管理需要或乙方工作表现事先通知乙方后调整。

2. 乙方充分了解公司的经营模式及乙方所属岗位的特殊性（工作地点存在跨区域变更的可能性），乙方充分评估了今后工作地点变动可能给乙方工作及家庭生活带来的影响，同意甲方在公司经营需要时跨区域（同一城市进行跨区调整）安排乙方的工作地点。若甲方需要跨市、省调整乙方工作地点的，则需要另行取得乙方同意 [2]。

3. 乙方应按照甲方对于相关工作内容的要求，完成规定数量、质量和指标的工作。在工作时间内确保达到甲方为其岗位设定的职责标准。同时，如有需要，还应完成甲方临时为其安

---

[1] 该条款约定供公司参考，具体金额可以根据实际情况进行约定。

[2] 该条款约定供公司参考，部分岗位存在变更工作地点情形的，建议进行约定。

排的其他工作。

四、工作时间和休息休假

1. 工作时间按下列第【 】项确定[1]：

（1）实行标准工时制。乙方每日工作时间不超过 8 小时，每周工作时间不超过 40 小时，每周至少休息一天；

（2）实行经人力社保行政部门批准实行的不定时工时制；

（3）实行经人力社保行政部门批准实行的综合计算工时制。结算周期：按【 】月 / 半年结算。

2. 甲方因生产需要延长工作时间的或节假日加班的，按《劳动法》第四十一条规定办理。

3. 甲方施行加班审批制度，凡乙方需要加班的，应事先向公司进行申请，经批准后方可计算加班费。

五、劳动报酬及支付方式与时间

1. 本合同签订时，双方约定乙方的基本工资为【 】。乙方的其他劳动报酬由甲方根据乙方的岗位工作情况、绩效考核规定、加班情况、福利制度等进行发放[2]。

2. 劳动报酬的计算和支付按照甲方的规章制度执行。如果甲乙双方对劳动报酬的计算和支付另有约定的，从其约定。

3. 乙方按时完成工作任务的，甲方在每月【 】日通过银行

---

[1] 公司若实行不定时工时制或综合计算工时制的，应当向人社部门进行申请后方可实施。

[2] 公司若存在绩效考核制度的，应当明确绩效考核工资需进行考核后发放，并制定相应考核制度。

转账的方式向乙方支付上月工资，如遇节假日则顺延。乙方同意，如乙方对当期工资（包括但不限于基本工资、岗位工资、奖金、佣金／提成、加班工资、各项津贴补贴等）有异议的，应在收到工资后 5 日内向甲方提出；乙方在上述期限内未对当期工资提出异议的，视为当期工资发放准确无误。

4. 甲方可在实行新的工资政策或甲方经营效益发生变化时，对乙方的劳动报酬做相应调整。乙方同意，甲方也可根据乙方表现对乙方的劳动报酬做相应调整，如乙方绩效不符合甲方期望或乙方有违规行为的，甲方有权对乙方做降薪或降级降薪处理[1]。

5. 双方同意，甲方有权从乙方的工资、报销款及其他款项中扣除相关款项，包括但不限于个人所得税、由乙方承担的社会保险和住房公积金、欠款、借款及赔偿款（即因乙方原因给甲方造成的经济损失）等。如双方因任何原因解除或终止劳动合同时乙方因任何原因未归还甲方任何财物的，乙方同意甲方有权根据甲方有关政策从前述款项中做相应扣除。

6. 甲方严格实行员工薪酬信息保密制度，并要求所有员工严格遵守[2]。如乙方泄露本人薪酬信息或通过各种手段打听、获取他人薪酬信息的，包括但不限于工资薪金、津贴补贴等福利项目或股权、期权等权益，均属于严重违反甲方规章制度的行为，甲方有权对乙方作出立即辞退等处分措施。

---

[1]　实际操作中，需要人事部门与员工进行沟通并尽量取得员工同意后方可执行。

[2]　公司有权要求员工进行保密，若有纪律要求的，应当明确告知员工。

六、社会保险和其他福利待遇

1. 甲乙双方必须按照国家有关规定参加社会保险，按时缴纳社会保险费。乙方有权向甲方查询社会保险费的缴纳情况。乙方个人缴纳部分，由甲方在其工资中代扣代缴。

2. 甲方可以根据本企业的具体情况，依法制定内部职工福利待遇实施细则，乙方有权依此享受甲方规定的福利待遇。

七、规章制度 [1]

1. 根据经营需要，甲方有权制定各项规章制度，并通过在工作群发送、提供书面文件、在会议或培训上宣布、通过电子邮件告知或张贴通知等方式向乙方告知或公示，乙方同意在上述网络或书面公布的规章制度视为已送达到乙方，符合公示的要求，乙方有义务遵守甲方制定的各项规章制度。

2. 如乙方违反前述各项规章制度的，甲方有权对乙方进行处分，包括但不限于警告、记过直至辞退（解除劳动合同）等，同时乙方还应赔偿因此给甲方造成的经济损失（如有）。

八、劳动保护、劳动条件和职业危害防护

甲乙双方都必须严格执行国家有关安全生产、劳动保护、职业卫生等规定。有职业危害的工种应在合同约定中告知，甲方应为乙方的生产工作提供符合规定的劳动保护设施、劳动防护用品及其他劳动保护条件。乙方应严格遵守各项安全操作规

---

[1] 公司有权制定规章制度，但制定方式、程序等应当符合法律规定，规章制定完成后应当履行告知程序。

程。甲方必须自觉执行国家有关女职工劳动保护和未成年工特殊保护规定。

九、劳动合同变更、解除、终止

1. 经甲乙双方协商一致，可以变更劳动合同相关内容。变更劳动合同，应当采用书面形式。变更后的劳动合同文本由甲乙双方各执一份。

2. 经甲乙双方协商一致，可以解除劳动合同。

3. 乙方提前三十日以书面形式通知甲方，可以解除劳动合同。乙方在试用期内提前三日通知甲方，可以解除劳动合同。

4. 甲方有下列情形之一的，乙方可以解除劳动合同：

（1）未按劳动合同约定提供劳动保护或者劳动条件的；

（2）未及时足额支付劳动报酬的；

（3）未依法缴纳社会保险费的；

（4）规章制度违反法律、法规的规定，损害乙方权益的；

（5）以欺诈、胁迫的手段或乘人之危，使乙方在违背真实意思的情况下订立或者变更劳动合同致使劳动合同无效的；

（6）法律、法规规定乙方可以解除劳动合同的其他情形。

甲方以暴力、威胁或者非法限制人身自由的手段强迫乙方劳动的，或者甲方违章指挥、强令冒险作业危及乙方人身安全的，乙方可以立即解除劳动合同，不需事先告知甲方。

5. 乙方具有下列情形之一的，甲方可以立即解除本合同：

（1）在试用期间被证明不符合录用条件的；

（2）严重违反甲方的规章制度的；

（3）严重失职、营私舞弊，给甲方造成重大损害的；

（4）同时与其他用人单位建立劳动关系，对完成甲方的工作任务造成严重影响，或者经甲方提出，拒不改正的；

（5）以欺诈、胁迫的手段或乘人之危，使甲方在违背真实意思的情况下订立或者变更劳动合同致使劳动合同无效的；

（6）被依法追究刑事责任的。

6. 下列情形之一，甲方提前三十日以书面形式通知乙方或者额外支付乙方一个月工资后，可以解除本合同：

（1）乙方患病或者非因工负伤，在规定的医疗期满后不能从事原工作，也不能从事由甲方另行安排的工作的；

（2）乙方不能胜任工作，经过培训或者调整工作岗位，仍不能胜任工作的；

（3）劳动合同订立时所依据的客观情况发生重大变化，致使原劳动合同无法履行，经甲乙双方协商，不能就变更劳动合同内容达成协议的。

7. 甲方依照《企业破产法》规定进行重整的；或生产经营发生严重困难的；或企业转产、重大技术革新或者经营方式调整，经变更劳动合同后，仍需裁减人员的；或其他因劳动合同订立时所依据的客观经济情况发生重大变化，致使劳动合同无法履行的，应当提前三十日向工会或者全体职工说明情况，听取工会或者职工意见，裁减人员方案以书面形式向劳动行政部门报告后，可以解除劳动合同。

8. 有下列情形之一的，劳动合同终止：

（1）劳动合同期满的；

（2）乙方开始依法享受基本养老保险待遇的；

（3）乙方死亡，或者被人民法院宣告死亡或者宣告失踪的；

（4）甲方被依法宣告破产，被吊销营业执照、责令关闭、撤销或者甲方决定提前解散的；

（5）法律、行政法规规定的其他情形。

十、违反劳动合同的责任

1. 甲乙任何一方违反本合同，给对方造成经济损失的，应当根据后果和责任大小，向对方支付赔偿金。

2. 乙方违反本合同中保守商业秘密和技术秘密的约定，给甲方造成损失的，应当依法承担赔偿责任。

3. 乙方违反法律法规或本合同规定，临时解除劳动合同或擅自离职终止劳动关系，造成甲方损失的，应承担赔偿责任。

4. 因不可抗力造成本合同不能履行的，可以不承担法律责任。

十一、双方需要约定的其他事项

1. 在本合同期内，除甲方书面同意外，乙方不得以任何方式任职、兼职其他用人单位的职务，亦不得以任何方式从事与甲方业务相同或类似的业务[1]。

2. 甲乙双方约定，乙方认可甲方制定的绩效考核制度，同意甲方按照岗位所对应的绩效考核制度进行考核，并同意将考

---

[1] 公司对员工有竞业限制或者兼职限制要求的，应当在合同中进行明确。

核结果作为判断乙方是否胜任工作的依据[1]。

3. 乙方应保护其知悉的甲方的任何商业秘密或保密信息，不得以任何形式向他人透露相关信息，若因此给甲方造成经济损失和不良影响的，甲方将追究其法律责任[2]。乙方应保护甲方的声誉、商誉、形象，不论在职或离职，均不得以任何形式损害公司形象。

4. 乙方必须遵守法律规定、劳动纪律及甲方各项规章制度。本合同签订时，对于甲方现行的规章制度，乙方已详细阅读。乙方应自觉服从甲方管理，爱护甲方财物，遵守职业道德；积极参加甲方组织的培训，提高职业技能。

5. 乙方若在甲方担任高级管理人员或核心技术岗位的，应当遵守竞业禁止规定。有关竞业禁止的要求以及补偿，以甲乙双方另行签署的竞业禁止协议为准。

6. 乙方违反劳动纪律，甲方可依据本单位规章制度给予相应处分。

7. 乙方违反本合同约定或者违反法律、法规的规定以及甲方规章制度，甲方有权要求乙方赔偿因此造成的损失（包括但不限于对甲方经营、合作等造成的直接经济损失、甲方的业务预期利益损失等）。

8. 甲方不履行合同义务或违反法律、法规侵害乙方合法权益的，乙方有权要求甲方依法赔偿。

---

[1] 公司对员工有绩效考核要求的，应当在合同中进行明确。员工本人的考核要求应当取得员工签字确认。

[2] 公司对员工有保密要求的，应当在合同中进行明确。

十二、其他

1. 本合同在履行中发生争议，任何一方均可向企业劳动争议调解委员会申请调解，也可向劳动争议仲裁委员会申请仲裁。对仲裁裁决不服的，可以向甲方所在地的人民法院起诉。

2. 除乙方书面告知变更后的地址外，乙方在本劳动合同抬头部分所列的住址即为乙方接收法律文书的合法地址。若文书无法送达或未及时送达，乙方将自行承担由此可能产生的法律后果[1]。

3. 本合同未尽事项，按国家有关法律法规执行。

4. 本合同条款如与今后国家颁布的法律法规相抵触，按国家新的法律法规执行。

5. 本合同依法订立，双方签字盖章后生效，双方必须严格履行。

6. 本合同不得代签和涂改，合同一式两份，双方各执一份，具有同等效力。

（以下无正文）

---

[1] 公司有权要求员工填写真实有效的送达地址，避免出现员工失联无法送达的情况。

（本页无正文，为劳动合同之签署页）

甲方（盖章）：

代表人签字：

签订日期：　　　年　　　月　　　日

乙方（签字）：

签订日期：　　　年　　　月　　　日

（可根据公司规章制度及实际需求添加附件）